OPERACIONES SICOLÓGICAS EN GUERRA DE GUERRILLAS

Introducción de Emanuel Pietrobon

Gráfica y curaduría de Elham Makdoum

CONTENIDO

Pasado, presente y futuro de la guerra psicológica

Por Emanuel Pietrobon

A veces es posible cambiar las actitudes de millones,
pero imposible cambiar la actitud de un solo hombre.

Edward Bernays

Es desde el alba de la humanidad que la mente es el campo de batalla y que la manipulación psicológica es el refugio y subterfugio de estrategas astutos que, aunque pobres en recursos pero ricos en genio, buscan abrumar o intentan abrumar la previsibilidad de la convención con el caos destructivo de la creatividad.

Las guerras psicológicas son el motor de la historia. Fue al persuadir a Adán y Eva de romper la prohibición inviolable de comer del Árbol del Conocimiento del Bien y del Mal que Satanás vengó la derrota sufrida en una guerra convencional previa contra los ejércitos angelicales de su Creador. Fue al llenar el campo de batalla de gatos que los persas derrotaron a sus supersticiosos adversarios egipcios en la Batalla de Pelusium. Fue al vaciar sus propias fortalezas que el hábil Cáo Cáo forzó repetidamente la retirada de las tropas numéricamente superiores del poderoso pero ingenuo Lü Bu, quien fue inducido mediante psicología inversa a creer que se habían tendido trampas y emboscadas en esos sitios abandonados. Fue al alinear el camino hacia Valaquia con cuerpos decapitados y empalados que Vlad Țepeș triunfó repetidamente sobre sus enemigos, los otomanos, que eran superiores tecnológicamente y numéricamente, pero estaban psicológicamente paralizados. Fue al forjar el Informe Bryce que el Imperio Británico manipuló los sentimientos de la opinión pública occidental, particularmente la de Estados Unidos, inculcándoles la creencia de que los soldados de Guillermo II estaban cometiendo atrocidades y crímenes de guerra alrededor del mundo. Fue al reproducir los gritos de personas poseídas, voces fantasmales y sonidos bestiales a través de altavoces ocultos en la jungla, activados rigurosamente en plena madrugada, que los soldados estadounidenses privaron de sueño a los vietcong, llevando a los más supersticiosos a abandonar sus posiciones[1].

La psicología puede ser un arma de construcción masiva o de destrucción masiva, dependiendo del objetivo de quien la utilice. La comunicación política, la publicidad, la propaganda de guerra y las operaciones centradas en la mente son las cuatro caras del Brahma psicológico. La comunicación política para

---

1 Operación Wandering Soul.

fabricar consenso y/o para destruir la reputación del contendiente en tiempos de elecciones y gobierno. La publicidad para inducir en los consumidores necesidades que no necesitan. La propaganda de guerra para movilizar a la propia gente y desmoralizar a la del enemigo. Las operaciones centradas en la mente de tipo cognitivo para abrir un frente interno al adversario, un frente que corresponde a una sociedad en proceso de licucfacción o ebullición, o de tipo psicológico o informativo para desestabilizar y desinformar.

Desde la expulsión de Adán y Eva hasta el día de hoy, cuando las guerras se libran en línea, nada ha cambiado: la mente sigue siendo una trinchera invisible donde se luchan batallas de palabras e imágenes, capaces de, y con el objetivo de, producir reverberaciones en el mundo real. Por eso, el estudio de Carl von Clausewitz debe acompañarse con el de Edward Bernays y los muchos padres de las guerras por el dominio de la mente. Por eso MasiraX ha decidido publicar el manual más controvertido sobre guerra psicológica del siglo XX: *Operaciones Sicológicas en la Guerra de Guerrillas*.

Lo que tiene usted en sus manos es un manual sobre cómo producir inestabilidad y violencia en contextos sociopolíticos frágiles, que de hecho generó inestabilidad y violencia en uno de los contextos sociopolíticos más frágiles (y más disputados) de la Guerra Fría: Nicaragua de los años 80. Desarrollado por un especialista en contraguerrilla de la Agencia Central de Inteligencia (CIA) cuya identidad nunca ha sido revelada, este manual fue publicado originalmente en inglés y español y se distribuyó entre los contrarrevolucionarios nicaragüenses a principios de 1984.

Era la fase final de la Guerra Fría, la decisiva, que vio a la Unión Soviética bajo presión en Polonia y Afganistán, dos escenarios en los que Estados Unidos aplicaba la geopolítica de la fe con resultados excepcionales, y lo único que quedaba para perturbar el sueño del optimista Ronald Reagan era un estado pequeñito y por encima de toda sospecha: Nicaragua. Dado que una reedición de Urgent Fury no era factible —en parte debido al recuerdo del fracaso de la ocupación estadounidense a principios del siglo XX y en parte porque Polonia y Afganistán requerían máxima atención— la Casa Blanca optó por llevar a cabo una guerra encubierta de alta intensidad.

El poder en Nicaragua había sido asumido por una fuerza revolucionaria alineada ideológicamente con el Segundo Mundo, que retomaba el pensamiento de Augusto César Sandino[2], a la cual Estados Unidos había respondido reuniendo un conglomerado conocido popularmente como los Contras, abreviatura de Contrarrevolucionarios, compuesto por lealistas a

---

2 Sandino fue el líder carismático de un movimiento de resistencia armada contra la ocupación estadounidense de Nicaragua, activo entre 1927 y 1932, y desde entonces ha sido venerado como un héroe nacional.

la dictadura caída, extremistas de derecha, criminales y mercenarios. Nomen omen: los Contras en efecto representaban la contrarrevolución, eran la antítesis del Sandinismo, y de una coalición heterogénea e improbable de voluntarios organizada por Washington, que involucraba a enemigos jurados como Tel Aviv[3], Riad[4] y Teherán[5], y también a Pekín[6] y Taipéi[7], estaban recibiendo todo lo necesario para evitar la maduración de una segunda Cuba en las Américas. El mundo contra la sombra de Sandino.

En cierto momento de 1983, reconociendo los resultados poco satisfactorios de la escalada, Reagan encargó a la CIA que desarrollara un suplemento para enriquecer la guerra de guerrillas. Sentía que faltaba algo —y tenía razón: la operación de los Contras era toda armas y nada de psicología.

La psicología, que había sido la clave del éxito de las guerras encubiertas contra Irán de Mohammad Mossadeq[8], contra Guatemala de Jacobo Árbenz[9] y contra Chile de Salvador Allende[10], increíblemente no había encontrado lugar en

---

3 Jonathan Marshall, *Israel, the Contras and the North Trial*, MERIP, septiembre/octubre 1989.

4 Doyle McManus, *Contras May Have Got $30 Million From Saudi Arabia*, Los Angeles Times, 15 de enero, 1987.

5 Escándalo Irán-Contra.

6 Jack Anderson, Dale van Atta, *Red China Sell Arms to Contras*, The Washington Post, 5 de mayo, 1986.

7 *Taiwan Says It Did Provide Aid to Contras*, Los Angeles Times, 16 de mayo, 1987.

8 Operación Ajax.

9 Operación PBSUCCESS.

10 Operación FUBELT.

Nicaragua. Dada la alta popularidad de los sandinistas, el riesgo era que la operación de los Contras pudiera convertirse en una debacle, similar a la Operación Mongoose[11]. No podía suceder. No de nuevo. No ahora que Estados Unidos tenía a la Unión Soviética en su agarre y estaba al borde de la victoria.

> Cada grupo, cada club, cada sociedad tiene su propio campanazo de Pavlov.
>
> Joost A. M. Meerloo

Los Contras conocían el territorio en el que luchaban, habían sido entrenados en el arte de la guerra asimétrica y contaban con apoyo militar y económico de una coalición internacional. Sin embargo, no lograban expandir los territorios bajo su control ni ganarse la simpatía de sus compatriotas.

Este manual fue redactado y establecido como texto de estudio obligatorio en los campos de entrenamiento de los

---

11 Mongoose es el nombre de una operación subversiva a través de la cual Estados Unidos intentó socavar la estabilidad del régimen comunista cubano durante la década de 1960, encargando a elementos de la mafia estadounidense, mercenarios y saboteadores de la CIA la tarea de llevar a cabo ataques contra infraestructuras estratégicas y objetivos políticos. Los analistas de la CIA estaban convencidos de que el castrismo no contaba con apoyo popular y que la ola de terror artificial alentaría a los cubanos a rebelarse. Este no fue el caso: la gran mayoría de los cubanos estaban entusiasmados con el nuevo orden político y, contrariamente a las predicciones de los analistas, respondieron a la inestabilidad uniéndose aún más alrededor de los Castro.

antisandinistas para abordar la casi total falta de conocimiento de psicología entre los Contras. El objetivo: aplicar las enseñanzas de la psicología individual y grupal a la guerra de guerrillas, o, en palabras de su autor, transformar a los Contras de simples combatientes en *"combatientes propagandistas"*, de saboteadores en *"agitadores"*.

Los Contras tenían las armas para perforar los cuerpos de los sandinistas, pero carecían de las herramientas necesarias para ganar los corazones y las mentes de los nicaragüenses. El compendio de la CIA buscaba llenar este vacío, recurriendo a figuras como Bernays, Hubert Lyautey, Iván Pavlov y Wilfred Trotter para refinar y disciplinar a estos guerrilleros rudimentarios que, con su violencia insensata e indiscriminada contra civiles, víctimas de tortura y violación, estaban desacreditando y ensuciando la pequeña cruzada de Reagan por la libertad en Nicaragua. Además, habían provocado la apertura de un juicio histórico y espectacular contra los Estados Unidos en la Corte Internacional de Justicia[12].

El especialista anónimo en contrainsurgencia de la CIA, oculto tras el seudónimo Kirkpatrick, había recibido una misión pedagógica con profundas implicaciones políticas. Su manual debía enseñar a los Contras *"cómo construir apoyo político en*

---

12 La historia del caso de la Corte Internacional de Justicia *Nicaragua contra Estados Unidos* ha sido contada en:
Emanuel Pietrobon, *L'arte della guerra ibrida. Teoria e prassi della destabilizzazione*, Castelvecchi, 2022.

Nicaragua mediante el engaño, la intimidación y la violencia", es decir, cómo expandir el campo de batalla de la selva a las ciudades reclutando a los sectores más vulnerables, y por lo tanto más manipulables, de la sociedad.

La larga historia de la guerra psicológica, que con la llegada de Internet y la aldea global ha evolucionado hacia lo cognitivo, demuestra que la teoría del condicionamiento conductual de Pavlov es igualmente aplicable a caninos y humanos. Meerloo, el teórico del menticidio, sostenía que cada persona y cada grupo tienen un talón de Aquiles. El investigador no debe hacer otra cosa que encontrarlo, investigarlo y dispararle la flecha de la psicología.

Nadie es inmune a la manipulación emocional. Todos son potenciales candidatos manchurianos. A un pequeño agricultor se le puede alentar a tomar las armas contra el gobierno que ama agitando la promesa de una reforma agraria, a una mujer se le puede incitar a protestar explotando la intolerancia latente hacia la sociedad patriarcal, a las minorías discriminadas se les puede instar a rebelarse alimentando su descontento y prometiéndoles cambio. La guerra psicológica es el terreno de lo posible, porque puede despertar sentimientos y emociones poderosos que han sido enterrados y adormecidos bajo capas del inconsciente.

Este manual podría haberse publicado ayer a las once con cincuenta y nueve de la noche. El paso del tiempo no ha afectado negativamente la validez de su contenido, que sigue siendo tremendamente actual. Porque las técnicas de manipulación del comportamiento e influencia mental de individuos y masas, tanto en tiempos de paz como de guerra, abierta o encubierta, son básicamente siempre las mismas. No cometas el grave error de creer que el progreso tecnológico ha hecho obsoletas tácticas como el entrismo[13], la desmoralización y la intimidación. Es lo contrario: los medios de comunicación y las tecnologías persuasivas han amplificado la carga desestabilizadora de las operaciones psicológicas, mientras que el mundo convertido en aldea global garantiza la viralidad. Ayer, un engaño podía llegar a su objetivo mediante impresiones clandestinas, radios ilegales o panfletos lanzados desde aviones; hoy puede dar la vuelta al mundo en un minuto con un simple clic.

El progreso tecnológico y los cambios en el sistema mediático no han llevado a la extinción de nada, sino a la evolución de todo. Los dibujos animados se han convertido en memes. La propaganda se ha transformado en narración. Las redes sociales son las nuevas plazas públicas. Los influencers son los nuevos sacerdotes. Los cambios han ocurrido en la forma, no en el contenido; por ello, estas páginas conservan una viva actualidad.

Al publicar este manual, enriquecido con otros materiales sobre la guerra encubierta en Nicaragua, el equipo de MasiraX

---

13 La infiltración de agentes de influencia y provocadores en un movimiento que se desea desestabilizar desde dentro.

busca ofrecer un servicio educativo de alto nivel a su comunidad, compuesta tanto por estudiantes de temas políticos, de seguridad e históricos como por profesionales, con la convicción de que una lectura de este tipo puede marcar la diferencia entre una persona autónoma y un autómata.

Concebido como el número inaugural de *PsyWars*, una serie dedicada íntegramente a la propaganda y a las múltiples facetas de las guerras por la mente, este manual y las obras que le seguirán, si se comprenden en lugar de simplemente leerse, pueden ayudarte a convertirte en ese individuo inmune a la manipulación del que hablaba Bernays.

Sé celoso de tu campana pavloviana.

1936. Los Somoza crean una dictadura familiar en Nicaragua con la aprobación de Estados Unidos.

1956. El presidente Anastasio Somoza es asesinado. Lo sucede su hijo Luis.

1961. Nace el Frente Sandinista de Liberación Nacional, marcando el comienzo de una guerra civil cada vez más violenta.

1967. El presidente Luis Somoza muere de un infarto. Lo sucede su hermano Anastasio.

1979. Los sandinistas ponen al presidente Somoza en fuga. Él encuentra refugio en el extranjero. Se establece una junta revolucionaria.

1980. Los sandinistas matan al ex presidente en Asunción, Paraguay.

1981. Estados Unidos comienza a vender armas en secreto a Irán, entonces bajo embargo, como parte de un plan para recaudar fondos para la oposición armada al gobierno sandinista: los Contras.

1983. La Agencia Central de Inteligencia pide a uno de sus analistas, que opera bajo los seudónimos John Kirkpatrick y Tayacán, que redacte un manual sobre guerra psicológica para los Contras.

1984. El manual, titulado *Operaciones Sicológicas en la*

Guerra de Guerrillas, es distribuido en secreto en Nicaragua.

1986. El gobierno nicaragüense presenta una demanda contra Estados Unidos en la Corte Internacional de Justicia, responsabilizándolos por el levantamiento de los Contras y presentando una copia de *Operaciones Sicológicas en la Guerra de Guerrillas* como prueba. La Corte Internacional de Justicia falla a favor de Nicaragua y ordena a Estados Unidos cesar las hostilidades no declaradas.

1990. Regreso a la normalidad: la oposición armada antisandinista desaparece, se convocan nuevas elecciones.

PREFACIO

La guerra de guerrillas es esencialmente una guerra política. Por esta razón, su área de operaciones va más allá de los límites territoriales de la guerra convencional, penetrando en el ser político por excelencia: el "animal político" definido por Aristóteles[14].

En efecto, el ser humano debe ser considerado como el objetivo prioritario en una guerra política. Y visto como el blanco militar de la guerra de guerrillas, el punto más crítico del ser humano es la mente. Una vez que se ha alcanzado la mente, el "animal político" ha sido vencido, sin necesidad de dispararle.

La guerra de guerrillas emerge y crece en un entorno político; en la lucha constante por dominar esa área de la mentalidad política que es inherente a todo ser humano, y que colectivamente constituye el "entorno" en el que se mueve la guerra de guerrillas, y que es precisamente el escenario en el que se define su triunfo o derrota.

Conceptualizar la guerra de guerrillas como una guerra política convierte las Operaciones Psicológicas en el factor que determina los resultados. El objetivo, entonces, son las mentes de la población, toda la población: nuestras tropas, las tropas enemigas y la población civil.

---

14 Según Aristóteles, "el hombre es por naturaleza un animal político".

Este libro es un manual de entrenamiento para guerrilleros en Operaciones Psicológicas, y se aplica al caso específico de la cruzada cristiana y democrática que se está llevando a cabo en Nicaragua por los Comandos de la Libertad.

¡Bienvenidos!

I.   INTRODUCCIÓN

1. <u>Contexto general</u>

El objetivo de este libro es introducir al estudiante de guerrilla en las técnicas de operaciones psicológicas, que tendrán un valor inmediato y práctico en la guerra de guerrillas. Esta sección es introductoria y general; las siguientes secciones cubrirán cada punto mencionado aquí con más detalle.

La naturaleza del entorno en la guerra de guerrillas no permite operaciones psicológicas sofisticadas, y se hace necesario que los líderes de los grupos, destacamentos y escuadrones lleven a cabo, con la mínima dirección de los niveles superiores, operaciones de acción psicológica con los contactos que conocen la realidad desde sus raíces.

2. <u>Los guerrilleros combatientes propagandistas</u>

Porque una operación psicológica obtenga los máximos resultados en la guerra de guerrillas, cada combatiente debe estar altamente motivado para participar en la propaganda cara a cara, con la misma intensidad con la que está motivado para luchar. Esto significa que la conciencia política individual del guerrillero, el motivo de su lucha, debe ser tan aguda como su capacidad para combatir.

Este grado de conciencia política y motivación se obtiene a través de la dinámica de grupo y la autocrítica como método estándar de enseñanza para el entrenamiento y las operaciones de guerrilla. Las discusiones en grupo aumentan el espíritu y la unidad de pensamiento de los escuadrones guerrilleros, y ejercen presión social sobre los miembros más débiles para que desempeñen un mejor papel en futuros entrenamientos o en acciones de combate.

La autocrítica se realiza en términos de la propia contribución o fracasos en la contribución a la causa, el movimiento, la lucha, etc., y esto introduce un elemento de compromiso individual positivo con la misión del grupo.

El resultado deseado es un guerrillero que pueda justificar sus acciones de manera persuasiva cuando esté en contacto con cualquier miembro del pueblo nicaragüense, y especialmente consigo mismo y con sus compañeros guerrilleros al enfrentar las vicisitudes de la guerra de guerrillas. Esto significa que cada guerrillero será persuasivo en la comunicación cara a cara —propagandista y combatiente— y en su contacto con el pueblo; debe ser capaz de dar 5 o 10 razones lógicas de por qué, por ejemplo, un campesino debe darle tela, aguja e hilo para reparar su ropa.

Cuando el guerrillero se comporta de esta manera, la propaganda enemiga nunca lo convertirá en un enemigo a los ojos de la población. Esto también significa que el hambre, el frío, la fatiga y la inseguridad tendrán un significado, psicológicamente, en la lucha por la causa, gracias a una focalización constante.

3. <u>La propaganda armada</u>

La propaganda armada incluye toda acción realizada, y la buena impresión que esta fuerza armada pueda causar resultará en que la población tenga una actitud positiva hacia esas fuerzas; no incluye la indoctrinación forzada. La propaganda armada mejora el comportamiento de la población hacia su autor, y no se logra mediante la fuerza.

Esto significa que una unidad guerrillera armada en un pueblo rural no dará la impresión de que sus armas son una fuerza que amenaza los campesinos, sino que son la fuerza de los campesinos contra el gobierno represivo sandinista. Esto se logra a través de una identificación estrecha con la población, de la siguiente manera: colgando las armas y trabajando junto a ellos en sus campos, en la construcción, cosechando grano, pescando, etc.; dando explicaciones a los jóvenes sobre armas básicas, por ejemplo, entregándoles un arma descargada y permitiéndoles tocarla, verla, etc., dando una descripción básica de su funcionamiento; describiendo, con eslóganes simples, cómo las armas servirán al pueblo para ganar su libertad; adoptando las demandas del pueblo por hospitales y educación, una reducción de impuestos, etc.

El objetivo de todas estas acciones es crear una identificación del pueblo con las armas y con los guerrilleros que las portan, de modo que la población sienta que esas armas son, indirectamente, las que los protegerán y les ayudarán en su lucha contra un régimen opresivo. Siempre hay un terror implícito en las armas, ya que el pueblo está "consciente" internamente de que podrían ser usadas en su contra; sin embargo, mientras se pueda evitar la coerción explícita, podemos lograr actitudes positivas sobre la presencia de guerrilleros armados en medio de la población.

4. <u>Los Equipos de Propaganda Armada</u>

Los Equipos de Propaganda Armada (EPA) se constituyen mediante una cuidadosa selección de guerrilleros persuasivos y altamente motivados, que se desplazan dentro de la población, motivando al pueblo a apoyar a los guerrilleros y a resistir al enemigo. Combinan un alto grado de conciencia política y la capacidad de los guerrilleros para la propaganda armada, orientados hacia un esfuerzo planificado, controlado y programado.

La cuidadosa selección de personal, basada en sus poderes persuasivos en discusiones informales y en su capacidad de combate, es más importante que el nivel de su educación o que el programa de entrenamiento. Las tácticas del Equipo de Propaganda Armada deben ser llevadas a cabo de manera encubierta, y deben ser paralelas a los esfuerzos tácticos en la guerra de guerrillas. El conocimiento de la psicología de la población es una necesidad primaria para los Equipos de Propaganda Armada, pero se obtendrán muchos más datos de inteligencia a través de un programa EPA en el área de operaciones.

5. <u>Desarrollo y control de organizaciones fachadas</u>

El desarrollo y control de las organizaciones fachadas se lleva a cabo mediante un control subjetivo interno (oculto), a través de reuniones grupales de los "cuadros internos", y calculando el tiempo necesario para que la combinación de estos dos elementos sea aplicada a las masas.

Los ciudadanos establecidos—médicos, abogados, empresarios, maestros, etc.—serán reclutados inicialmente como "cruzados sociales" en movimientos típicamente "inocuos" en el área de operaciones. Cuando su "implicación" con la organización clandestina se les revele, esto ejercerá presión psicológica sobre ellos para que puedan ser utilizados como "cuadros internos" en grupos a los que ya pertenecen o grupos a los que podrían unirse.

Luego, a través de un proceso gradual y hábil, recibirán instrucción en técnicas de persuasión para el control de grupos de interés que apoyarán nuestra revolución democrática. Un sistema para el control de células aísla a los individuos entre sí, y en el momento adecuado, su influencia se utiliza para fusionar los grupos en un frente nacional unido.

6. <u>Control de reuniones y asambleas masivas</u>

El control de las reuniones masivas en apoyo a la guerra de guerrillas se lleva a cabo internamente mediante un elemento de comando encubierto, guardaespaldas, mensajeros, tropas de choque (iniciadores de incidentes), portadores de carteles (también utilizados para dar señales) y gritos de consignas, todos bajo el control del elemento de comando externo.

Cuando los cuadros son ubicados o reclutados de organizaciones como sindicatos, grupos juveniles, organizaciones agrícolas o asociaciones profesionales, comenzarán a manipular los objetivos de estos grupos. El aparato psicológico de nuestro movimiento, a través de estos cuadros internos, preparará una actitud mental que, en el momento crucial, podría convertirse en una furia de violencia justificada.

Esto se puede llevar a cabo mediante un pequeño grupo de guerrilleros infiltrados entre las masas, que tendrán la misión de agitar, dando la impresión de que son muchos y que cuentan con un gran apoyo popular. Utilizando las tácticas de una fuerza de 200 a 300 agitadores, se puede crear una manifestación en la que podrían participar de 10.000 a 20.000 personas.

7. <u>Apoyo de contactos arraigados en la realidad</u>

El apoyo de los contactos locales que conocen la realidad hasta sus raíces se logra mediante la explotación de las debilidades sociales y políticas de la sociedad de interés, con guerrilleros propagandistas-combatientes, propaganda armada, equipos de propaganda armada, organizaciones fachadas y reuniones masivas.

El guerrillero propagandista-combatiente es el resultado de un programa constante de adoctrinamiento y motivación. Tendrán la misión de demostrar al pueblo la grandeza y la justicia de nuestro movimiento, a todos los nicaragüenses y al mundo. Al identificarse con nuestro pueblo, aumentará la simpatía hacia nuestro movimiento, lo que resultará en un mayor apoyo de la población hacia los comandos de la libertad, restando simpatía al régimen en el poder.

La propaganda armada extenderá este proceso de identificación con los guerrilleros cristianos, proporcionando una conciencia de rasgos comunes contra el régimen sandinista.

Los Equipos de Propaganda Armada proporcionan un programa de planificación persuasiva etapa por etapa en todas las áreas del país. Estos equipos también son los "ojos y oídos" de nuestro movimiento.

El desarrollo y control de las organizaciones fachadas en la guerra de guerrillas le dará a nuestro movimiento la capacidad de crear un efecto de empuje dentro de la población, cuando se dé la orden de fusionarse. Cuando la infiltración y el control interno subjetivo se hayan desarrollado paralelamente a otras actividades guerrilleras, uno de nuestros comandantes podrá desmantelar literalmente la estructura sandinista y reemplazarla.

Las reuniones y las asambleas masivas son el culmen de un amplio apoyo entre la población, y se producen en las fases posteriores de la operación. Este es el momento en el que se puede lograr un derrocamiento y nuestra revolución puede salir a la luz, requiriendo la estrecha colaboración de toda la población del país y contactos que estén bien arraigados en la realidad.

El esfuerzo táctico en la guerra de guerrillas se dirige a las debilidades del enemigo, y hacia la destrucción de su capacidad militar para resistir, y debe ir paralelo a un esfuerzo psicológico para debilitar y destruir su capacidad sociopolítica al mismo tiempo. En la guerra de guerrillas, más que en cualquier otro tipo de esfuerzo militar, las actividades psicológicas deben llevarse a cabo simultáneamente con las actividades militares, para lograr los objetivos deseados.

II.   EL GUERRILLERO PROPAGANDISTA COMBATIENTE

1. <u>Contexto general</u>

El objetivo de esta sección es familiarizar al guerrillero con las técnicas de operaciones psicológicas, que maximizan el efecto psicosocial de un movimiento guerrillero, convirtiendo al guerrillero en un propagandista, además de un combatiente.

La naturaleza del entorno de la guerra de guerrillas no permite instalaciones sofisticadas para llevar a cabo operaciones psicológicas; por esta razón, debemos aprovechar la persuasión efectiva cara a cara de cada guerrillero.

2. <u>Conciencia política</u>

La conciencia política individual del guerrillero, la razón de su lucha, debe ser tan importante como su capacidad para combatir. Esta motivación de conciencia política se logrará:

- Mejorando el potencial de combate del guerrillero, que aumenta su motivación para luchar.
- Reconociendo al guerrillero como un vínculo vital entre el guerrillero democrático y el apoyo del pueblo, que es esencial para la subsistencia de ambos.

- Promoviendo el apoyo de la población a la insurgencia nacional mediante el apoyo de las guerrillas locales, lo cual ofrece una base psicológica en la población para la participación política, después de la consecución de la victoria.

- Desarrollando la confianza en las guerrillas y en la población para la reconstrucción del gobierno local y nacional.

- Promoviendo el valor de la participación guerrillera y popular en los asuntos cívicos de la insurrección y en los programas nacionales.

- Desarrollando en cada guerrillero la capacidad de persuasión cara a cara a nivel local, con el fin de ganar el apoyo de la población, lo cual es un elemento clave para el éxito de la guerra de guerrillas.

3. <u>Dinámicas de grupo</u>

Esta conciencia política y motivación se obtiene utilizando la dinámica de grupo a nivel de pequeñas unidades. El método de discusión grupal y la autocrítica son técnicas generales para el entrenamiento y las operaciones guerrilleras.

Las discusiones grupales aumentan el espíritu del grupo y la unidad de pensamiento en pequeños grupos de guerrilleros, y ejercen presión social sobre los miembros más débiles, para que puedan llevar a cabo mejor su misión en futuros entrenamientos y acciones de combate. Estas discusiones grupales pondrán especial énfasis en:

- Crear una opinión favorable a nuestro movimiento. Utilizando la historia nacional y local, hacer entender que el régimen sandinista es *"extranjero"*, *"represivo"* e *"imperialista"*, y aunque haya algunos nicaragüenses dentro del gobierno, dejaremos claro que son *"títeres"* del poder soviético y cubano, es decir, de potencias extranjeras.

- Siempre un enfoque local. Los asuntos de naturaleza internacional serán explicados solo como apoyo a los eventos locales en la guerra de guerrillas.

- Nuestro objetivo es la unificación de la nación. Esto significa que la derrota de las fuerzas armadas sandinistas es nuestra prioridad. Nuestro movimiento insurreccional es una plataforma política pluralista, desde la cual estamos decididos a lograr la libertad, la igualdad, una mejor economía con oportunidades para trabajar, un nivel de vida más alto y una verdadera democracia para todos los nicaragüenses sin excepción.

- Brindar a cada guerrillero una comprensión clara sobre la lucha por la soberanía nacional contra el imperialismo soviético-cubano.

- Demostrar a cada guerrillero la necesidad de un buen comportamiento para ganar el apoyo de la población. Las guías de discusión deben convencer a los guerrilleros de que la actitud y la opinión de la población son factores determinantes, ya que la victoria es imposible sin el apoyo popular.

- La autocrítica se llevará a cabo en términos constructivos que contribuirán a la misión del movimiento y proporcionarán a los guerrilleros la certeza de que tienen una responsabilidad individual constante y positiva en la misión del grupo. El método de instrucción será:

  a) Dividir la fuerza guerrillera en escuadrones para las discusiones en grupo, incluyendo elementos de mando y de apoyo, siempre que la situación táctica lo permita. La integridad de las pequeñas unidades debe mantenerse al diseñar estos grupos.

  b) Asignar un cuadro político en la fuerza guerrillera a cada grupo para guiar la discusión. El líder del escuadrón debe ayudar al cuadro a promover el estudio y la expresión de pensamientos. Si no hay suficientes cuadros políticos para cada escuadrón o destacamento, los líderes deben guiar las discusiones, y los cuadros disponibles deben visitar los grupos de manera alterna.

c) El cuadro (o el líder) debe guiar la discusión del grupo para cubrir una serie de puntos y llegar a una conclusión correcta. Los guerrilleros deben sentir que han tomado su propia decisión de manera libre. El cuadro debe actuar como un tutor. El cuadro o líder no actuará como un conferencista, sino que ayudará a los miembros de los grupos a estudiar y expresar sus propias opiniones.

d) Al final de cada discusión, el cuadro político hará un resumen de los puntos principales, llevándolos a las conclusiones correctas. Cualquier diferencia grave con los objetivos del movimiento debe ser anotada por el cuadro y reportada al comandante de las fuerzas. Si es necesario, se llevará a cabo una reunión de los grupos combinados, y el equipo de cuadros políticos explicará y aclarará el malentendido.

e) Conducta democrática por parte de los cuadros políticos: vivir, comer y trabajar con los guerrilleros, y, si es posible, luchar a su lado, compartiendo sus condiciones de vida. Todo esto propiciará el entendimiento y un espíritu de cooperación que ayudará en la discusión e intercambio de ideas.

f) Realizar discusiones en grupo en pueblos y en áreas de operación con las poblaciones civiles, siempre que sea posible, y no limitarlas a los campamentos o bases. Esto se hace para enfatizar la naturaleza revolucionaria de la lucha y demostrar que las guerrillas identificadas con los objetivos del pueblo se mueven dentro de la población. El guerrillero está enfocado hacia el pueblo, al igual que el cuadro político lo está hacia el guerrillero, y deben vivir, comer y trabajar juntos para lograr la unidad de pensamiento revolucionario.

Los principios para las discusiones en grupo entre guerrilleros y cuadros políticos son los siguientes:

– Organizar grupos de discusión a nivel de destacamento o escuadra. Un cuadro no puede estar seguro de la comprensión y entendimiento de los conceptos y conclusiones por parte de los guerrilleros en grupos grandes. En un grupo del tamaño de una escuadra de 10 guerrilleros, el juicio y control de la situación son mayores. De esta manera, todos los participantes podrán participar en un intercambio entre ellos, el líder político, el líder del grupo y el cuadro político. Se prestará especial atención a la capacidad individual para discutir los objetivos de la lucha insurreccional. Cuando un guerrillero exprese su opinión, se interesará por escuchar las opiniones de los demás, lo que resultará en la unidad de pensamiento.

– Combinar los diferentes puntos de vista y llegar a un juicio o conclusión común. Esta es la tarea más difícil para un cuadro político en la guerrilla. Después de las discusiones grupales sobre los objetivos democráticos del movimiento, el líder del equipo de cuadros políticos de la fuerza guerrillera debe combinar las conclusiones de los grupos individuales en un resumen general. En una reunión con todos los grupos de discusión, el cuadro presentará los puntos principales y los guerrilleros tendrán la oportunidad de aclarar o modificar sus puntos de vista. Para ello, las conclusiones se resumirán en consignas, siempre que sea posible.

– Enfrentar honestamente los problemas nacionales y locales de nuestra lucha. Los cuadros políticos deben estar siempre preparados para discutir soluciones a los problemas observados por los guerrilleros. Durante las discusiones, los guerrilleros deben ser guiados por los siguientes tres principios:

- Lealtad de pensamiento.

- Libertad de expresión.

- Concentración de los pensamientos hacia los objetivos de la lucha democrática.

El resultado deseado es que un guerrillero pueda justificar de manera persuasiva todas sus acciones siempre que esté en contacto con cualquier miembro del pueblo, y especialmente consigo mismo y con sus compañeros guerrilleros, mientras soporta las vicisitudes de la guerra de guerrillas.

- Esto significa que cada guerrillero podrá llevar a cabo una persuasión efectiva cara a cara como propagandista-combatiente en su contacto con la gente, hasta el punto de ser capaz de dar 5 o 10 razones lógicas por las cuales, por ejemplo, un campesino debería darle un trozo de tela, o aguja e hilo para remendar su ropa. Cuando un guerrillero se comporta de esta manera, ningún tipo de propaganda enemiga podrá convertirlo en un "terrorista" ante los ojos de la población.

- Así, incluso el hambre, el frío, la fatiga y la inseguridad en la existencia de un guerrillero, adquirirán sentido en la lucha por la causa, debido a la constante orientación psicológica.

4. **Procedimientos del campamento**

El acampamiento otorga una mayor motivación a las unidades guerrilleras, además de reducir las distracciones y aumentar el espíritu de cooperación de las pequeñas unidades, relacionando el entorno físico con la atmósfera psicológica. El líder del escuadrón establecerá el procedimiento regular del campamento. Una vez que hayan dejado sus mochilas, el líder elegirá el lugar adecuado para acampar. Debe seleccionar un sitio que tenga una vista de la zona, proporcionando dos o tres rutas de escape. Elegirá entre sus hombres y les asignará responsabilidades tales como:

- Limpiar el área del campamento.

- Adecuado drenaje en caso de lluvia. También se construirán trincheras o agujeros para disparar en caso de emergencia. Asimismo, se construirá la cocina, que se hará cavando unos pequeños surcos y colocando tres piedras sobre ellos; en caso de que la cocina se construya sobre un pedestal, se llenará con arcilla y piedras.

- Construir una pared para protección contra el viento, cuya parte superior y los laterales se cubrirán con ramas y hojas de la misma vegetación presente en la zona. Esto servirá como camuflaje y protección para evitar ser visto desde el aire o por patrullas enemigas en las áreas circundantes.

- Construir una letrina y cavar un hoyo donde se entierren todos los desechos y la basura; estos deben ser cubiertos con tierra cuando se abandone el campamento.

- Una vez que se haya establecido el campamento, se recomienda la instalación de un puesto de vigilancia en los puntos de acceso y a una distancia razonable, desde donde se pueda escuchar un grito de alarma. Al mismo tiempo, se establecerá una contraseña, que deberá cambiarse cada 14 horas. El comandante debe haber establecido previamente un punto de reunión alternativo, en caso de que el campamento deba ser abandonado repentinamente, para que puedan reunirse en este otro punto previamente establecido. Se debe advertir a la patrulla que, si no pueden reunirse en el punto establecido en un tiempo determinado, deberán tener un tercer punto de reunión.

Estos procedimientos contribuyen a la motivación del guerrillero y mejoran el espíritu de cooperación dentro de la unidad. El peligro, la inseguridad, la ansiedad y la incertidumbre diaria en la vida de un guerrillero establecen la necesidad de pruebas tangibles de pertenencia para que los soldados mantengan su buen ánimo y moral.

Además de una buena condición física, el guerrillero debe estar en buenas condiciones psicológicas. Para lograr esto, se recomiendan discusiones de grupo y autocrítica, que benefician enormemente el espíritu y la moral de los guerrilleros. Montar y desmontar el campamento con el esfuerzo y la cooperación de todos fortalece su espíritu de cuerpo.

El guerrillero estará así inclinado hacia una unidad de pensamiento en sus objetivos democráticos.

5. <u>Interacción con la población</u>

Para garantizar el apoyo popular, que es esencial para el buen desarrollo de la guerra de guerrillas, los líderes deben fomentar una interacción positiva entre los civiles y los guerrilleros, basándose en el principio de "vivir, comer y trabajar con la gente", y deben mantener el control sobre esta actividad. En las discusiones grupales, los líderes y los cuadros políticos deben enfatizar una identificación positiva con la población.

No se recomienda hablar de planes tácticos militares en las discusiones con los civiles. El enemigo comunista debe ser identificado como el principal enemigo del pueblo y como una amenaza secundaria para nuestras fuerzas guerrilleras.

Mientras haya oportunidad, debemos seleccionar grupos de elementos que tengan un alto grado de conciencia política y una disciplina elevada en el trabajo a realizar, para ser enviados a las zonas pobladas con el fin de llevar a cabo la propaganda armada. Deben persuadir a la gente a través del diálogo en encuentros cara a cara, siguiendo estos principios:

- Respeto a los derechos humanos y respeto a la propiedad ajena.

- Ayudar a la gente en trabajos comunitarios.

- Proteger a las personas de la agresión comunista.

- Enseñar higiene ambiental o leer a la gente, etc., para ganar su confianza, lo que resultará en una mejor preparación ideológica democrática.

Estas actividades despertarán la simpatía del campesino hacia nuestro movimiento, y él se convertirá inmediatamente en uno de los nuestros, ya sea a través de apoyo logístico, cobertura e información de inteligencia sobre el enemigo, o participación en combate. Los guerrilleros deben ser persuasivos a través de la palabra, y no imponentes con sus armas. Cuando se comporten de esta manera, la gente sentirá que se les respeta y estarán más dispuestos a aceptar nuestro mensaje, consolidando así el apoyo popular.

Cualquier lugar donde se realicen operaciones tácticas de guerrilla en áreas altamente pobladas, el escuadrón también debe llevar a cabo acciones psicológicas paralelas, que deben preceder, acompañar y consolidar el objetivo común, y dar explicaciones a toda la población sobre nuestra lucha, indicando que nuestra presencia significa ofrecer paz, libertad y democracia a todos los nicaragüenses sin excepción, y explicando que nuestra lucha no es contra los nacionales, sino contra el imperialismo ruso. Esto servirá para asegurar mayores logros psicológicos que aumenten las operaciones tácticas en el futuro.

6. <u>Conclusiones</u>

La naturaleza del entorno de la guerra de guerrillas no permite instalaciones sofisticadas para operaciones psicológicas, y la persuasión cara a cara de los guerrilleros propagandistas-combatientes hacia la población es una herramienta eficaz y disponible, que debemos utilizar tan a menudo como sea posible durante el proceso de la lucha.

III.   LA PROPAGANDA ARMADA

1. <u>Contexto general</u>

A menudo existe un malentendido sobre la "propaganda armada", en el que se cree que esta táctica consiste en imponerse sobre la población mediante las armas. En realidad, no involucra la fuerza, pero el guerrillero debe tener un conocimiento profundo de los principios y métodos de esta táctica.

El objetivo de esta sección es proporcionar al guerrillero el entendimiento de la propaganda armada que debe ser utilizada y que puede ser aplicada en la guerra de guerrillas.

2. <u>Identificación cercana con el pueblo</u>

La propaganda armada incluye todas las acciones realizadas por una fuerza armada, cuyos resultados generarán una mejor actitud de la población hacia esa fuerza, sin incluir la adoctrinación. Esto se lleva a cabo mediante una identificación cercana con el pueblo en cualquier oportunidad. Por ejemplo:

– Colgar las armas y trabajar codo a codo con los campesinos en el campo: construyendo, pescando, llevando agua, arreglando techos, etc.

– Al trabajar con la gente, los guerrilleros pueden usar

consignas como: *"Muchas manos haciendo pequeñas cosas, pero haciéndolas juntas".*

- Participando en el trabajo del pueblo, se puede establecer un fuerte vínculo entre ellos y los guerrilleros, y al mismo tiempo, generar apoyo popular para nuestro movimiento.

Durante las patrullas o otras operaciones cerca o dentro de los pueblos, cada guerrillero debe ser respetuoso y educado con la gente. Asimismo, debe moverse con cautela y siempre estar listo para pelear, si es necesario. Pero no debe ver a todos como enemigos, con sospecha u hostilidad. Incluso en tiempos de guerra, es posible sonreír, reír y saludar a la gente. De hecho, la razón de nuestra base revolucionaria, la razón por la que luchamos, son nuestro pueblo. Debemos ser respetuosos con ellos en todo momento.

En lugares y situaciones en los que sea posible, por ejemplo, mientras descansan durante una marcha, los guerrilleros pueden enseñar a los jóvenes y niños cómo manejar armas. Pueden darles un fusil descargado, para que aprendan a montarlo y desmontarlo, a usarlo; y pueden señalar un blanco imaginario, ya que son reclutas potenciales para nuestras fuerzas.

Los guerrilleros deben estar siempre preparados con eslóganes simples para explicar a la gente, ya sea por casualidad o de forma intencionada, la razón de usar las armas:

- *"Las armas se usan para ganar la libertad, son para ustedes".*
- *"Con las armas podemos exigir cosas, como hospitales, escuelas, mejores carreteras y servicios sociales para la gente, para ustedes".*
- *"Realmente, nuestras armas son las armas del pueblo, sus armas".*
- *"Con las armas podemos cambiar el régimen sandinista-comunista y devolver al pueblo una verdadera democracia, para que todos tengamos oportunidades económicas".*

Todo esto debe estar diseñado para crear una identificación del pueblo con las armas y con los guerrilleros que las portan.

Finalmente, debemos hacer sentir al pueblo que estamos pensando en ellos, y que las armas les pertenecen, para ayudarlos y protegerlos de un régimen comunista, totalitario e imperialista, que es indiferente a las necesidades de la población.

3. <u>Terror implícito y explícito</u>

Una fuerza guerrillera armada siempre conlleva un terror implícito, porque la población, sin expresarlo en voz alta, teme que las armas puedan ser usadas en su contra. Sin embargo, si el terror no se hace explícito, se pueden esperar resultados positivos.

En una revolución, el individuo vive bajo una amenaza constante de daño físico. Si la policía del gobierno no puede poner fin a las actividades guerrilleras, la población perderá confianza en el gobierno, cuya misión inherente es garantizar la seguridad pública. Sin embargo, los guerrilleros deben tener cuidado de no convertirse en un terror explícito, ya que esto resultaría en la pérdida del apoyo popular.

En palabras de un líder del movimiento guerrillero HUK[15], en Filipinas:

La población siempre se impresiona por las armas, pero no debido al miedo que provocan, sino porque transmiten una sensación de fuerza.

Debemos presentarnos ante la gente, apoyándola con nuestras armas, y esto les transmitirá el mensaje de la lucha.

Esto es, en pocas palabras, la esencia de la propaganda armada. Una fuerza guerrillera armada puede ocupar una ciudad

---

15 HUK significa Hukbong Bayan Laban sa Hapon. Fue un movimiento guerrillero marxista-leninista basado en Filipinas, activo desde la década de 1940 hasta la de 1950.

pequeña o un pueblo que sea neutral o relativamente pasivo con respecto al conflicto. Para llevar a cabo la propaganda armada de manera efectiva, se deben realizar simultáneamente las siguientes acciones:

- Destruir las instalaciones militares o policiales y trasladar a los sobrevivientes a un "lugar público".
- Cortar todas las líneas de comunicación externas: cables, radio, mensajeros.
- Establecer emboscadas para demorar los esfuerzos en todas las posibles rutas de acceso.
- Secuestrar a todos los funcionarios y agentes del gobierno sandinista, y reemplazarlos en los "lugares públicos" por personal militar o civil de confianza de nuestro movimiento. Además, hacer lo siguiente:
  - Establecer un tribunal público dependiente de los guerrilleros y recorrer todo el pueblo o ciudad, reuniendo a la población para este acto.
  - Avergonzar, ridiculizar y humillar a los "símbolos personales" del gobierno represivo en presencia del pueblo, promoviendo la participación popular mediante guerrilleros infiltrados entre la multitud, gritando consignas y burlas.
  - Reducir la influencia de individuos simpatizantes del régimen, exponiendo sus debilidades y retirándolos del

pueblo, sin perjudicarlos públicamente.

- Mezclar a los guerrilleros con la población y asegurarse de que todos los miembros de la columna demuestren una conducta ejemplar, practicando lo siguiente:

  - Cualquier artículo tomado será pagado en efectivo.

  - La hospitalidad ofrecida por el pueblo será aceptada, y esta oportunidad será aprovechada para realizar persuasión cara a cara sobre la lucha.

  - Se deben realizar visitas de cortesía a ciudadanos destacados y prestigiosos del lugar, como médicos, sacerdotes, maestros, etc.

  - Los guerrilleros deben instruir a la población para que, cuando termine la operación y las fuerzas represivas sandinistas los interroguen, puedan revelar TODO sobre la operación militar llevada a cabo. Por ejemplo, los tipos de armas usadas, cuántos hombres llegaron, de qué dirección llegaron y hacia qué dirección se fueron, es decir, TODO.

  - Asimismo, indicar a la población que, en reuniones o en discusiones privadas, pueden ofrecer los nombres de los informantes sandinistas, quienes serán removidos junto con los demás funcionarios del gobierno represivo.

- Al realizar una reunión, concluirla con un discurso de uno de los líderes guerrilleros o cuadros políticos (el más dinámico), incluyendo referencias explícitas a:

  - El hecho de que los "enemigos del pueblo", es decir los funcionarios o agentes sandinistas, no deben ser maltratados a pesar de sus acciones criminales, incluso si las fuerzas guerrilleras han sufrido bajas, y que esto se debe a la generosidad de los guerrilleros cristianos.

  - Expresar un agradecimiento por la "hospitalidad" de la población, así como hacerles saber que se valora enormemente los riesgos que correrán cuando los sandinistas regresen.

  - El hecho de que el régimen sandinista no podrá resistir los ataques de nuestras fuerzas guerrilleras, a pesar de que explotan al pueblo con impuestos, control de la moneda, los granos y todos los aspectos de la vida pública a través de las asociaciones a las que están obligados a pertenecer.

  - Hacer una promesa al pueblo de que

regresaremos para asegurarnos de que las "sanguijuelas" del régimen represivo sandinista no puedan impedir la integración de nuestra guerrilla con la población.

- Repetir a la población que pueden revelar todo acerca de esta visita de nuestros comandos, porque no tenemos miedo de nada ni de nadie, ni de los soviéticos ni de los cubanos.

- Enfatizar que somos nicaragüenses, que luchamos por la libertad de Nicaragua y por establecer un gobierno completamente nicaragüense.

4. <u>Las armas de la guerrilla son la fuerza del pueblo contra un gobierno ilegal</u>

La propaganda armada en áreas pobladas no debe dar la impresión de que las armas son el poder de los guerrilleros sobre el pueblo, sino que son la fuerza del pueblo contra un régimen represivo. Siempre que sea necesario usar la fuerza armada durante una ocupación o visita a un pueblo o aldea, los guerrilleros deben enfatizar y asegurarse durante esta acción de lo siguiente:

- Explicar a la población que, ante todo, esto se realiza para protegerlos a ellos, al pueblo, y no a los propios guerrilleros.

- Admitir francamente y públicamente que esta es "una acción de la guerrilla democrática", con las explicaciones adecuadas.

- Aclarar que esta acción, aunque no es deseable, es necesaria porque el objetivo final de la insurrección es una sociedad libre y democrática, donde no sean necesarias las acciones de fuerza.

- Destacar que la fuerza de las armas es una necesidad provocada por el sistema opresor, y que cesará de existir cuando las "fuerzas de justicia" de nuestro movimiento asuman el control.

- Si, por ejemplo, se hace necesario que uno de los puestos avanzados dispare a un ciudadano que intentaba salir del pueblo o ciudad donde los guerrilleros están realizando propaganda armada o proselitismo político, se recomienda lo siguiente:

  - Explicar que, si este ciudadano lograra escapar, avisaría al enemigo cercano al pueblo o ciudad, quienes vendrían a tomar represalias como violaciones sexuales, saqueos, destrucción, capturas, etc., aterrorizando a los habitantes del lugar por haber sido atentos y hospitalarios con los guerrilleros.

— <u>Hacer ver a la población que si un guerrillero dispara a un individuo, este era un enemigo del pueblo, y que fue abatido porque la guerrilla reconoció su deber primordial, que es proteger a los ciudadanos.</u>

— Subrayar que el comando trató de detener al informante sin disparar, ya que él, como todo guerrillero cristiano, aboga por la no violencia. Sin embargo, disparar al informante sandinista, aunque va en contra de su propia voluntad, fue necesario para evitar represalias por parte del gobierno sandinista contra el pueblo inocente.

— Enfatizar que fue el sistema represivo del régimen el que causó esta situación, que en realidad mató al informante, y que el arma disparada fue una recuperada en combate contra el régimen sandinista.

— Explicar que, si el régimen sandinista hubiera terminado con su represión, con la corrupción patrocinada por poderes extranjeros, etc., los comandos de la libertad no habrían tenido que tomar las armas para acabar con la vida de sus hermanos nicaragüenses, lo cual lastima nuestros sentimientos cristianos. Si el informante no hubiera tratado de escapar, estaría disfrutando de la vida junto con el resto de la población, porque no habría intentado informar al enemigo.

– Reiterar que esta muerte se habría evitado si existieran la justicia y la libertad en Nicaragua, y que precisamente este es el objetivo de la guerrilla democrática.

5. <u>Uso selectivo de la violencia para efectos de propaganda</u>

Podríamos <u>neutralizar</u> objetivos seleccionados cuidadosamente y planificados, como jueces de tribunal, jueces de mesta, oficiales de policía o seguridad del estado, jefes del CDS[16], etc. Porque los efectos psicológicos se manifiesten, es necesario tomar precauciones extremas, y es esencial reunir a la población afectada para que asista, participe en el acto y formule acusaciones contra el opresor.

El objetivo o persona debe ser seleccionado sobre la base de lo siguiente:

– La hostilidad espontánea que la mayoría de la población pueda sentir contra el objetivo.

– Utilizar el rechazo o el odio potencial por parte de la mayoría de la población afectada contra el objetivo, incitando a la población y haciéndoles ver todos los actos

---

16 El acrónimo CDS significa Comités de Defensa Sandinista.

negativos y hostiles del individuo contra el pueblo.

- Si la mayoría de la gente apoya o respalda al objetivo, no intentes cambiar estos sentimientos a través de la provocación.

En relación con la dificultad de manejar a la persona que reemplazará al objetivo, esta debe ser seleccionada cuidadosamente, basándose en lo siguiente:

- Grado de violencia necesario para efectuar el cambio.

- Grado de violencia aceptable para la población afectada.

- Grado de violencia posible sin causar daño o peligro a otros individuos en el área alrededor del objetivo.

- Grado previsible de represalias por parte del enemigo hacia la población afectada u otros individuos en el área alrededor del objetivo.

La misión de reemplazar al individuo debe ser seguida por:

- Explicaciones extensas a la población afectada sobre por qué [esta acción] fue necesaria por el bien del pueblo.

- Explicar que las represalias sandinistas son injustas, indiscriminadas y, sobre todo, una justificación para la ejecución de esta misión.

- Sondear cuidadosamente la reacción de la gente a la misión, así como controlar esta reacción asegurando que la reacción de la población sea beneficiosa para los Comandos de la Libertad.

6. <u>Conclusiones</u>

La propaganda armada incluye todas las acciones realizadas y el impacto logrado por una fuerza armada, resultando en actitudes positivas por parte de la población hacia esa fuerza, sin incluir el adoctrinamiento forzado. Sin embargo, la propaganda armada es el instrumento más efectivo disponible para una fuerza guerrillera.

IV. LOS EQUIPOS DE PROPAGANDA ARMADA

1. <u>Generalidades</u>

En contacto con la propia realidad de sus raíces, en una campaña de operaciones psicológicas en la guerra de guerrillas, los comandantes podrán obtener los máximos resultados psicológicos a partir de un programa de Equipos de Propaganda Armada.

El propósito de esta sección es informar al guerrillero estudiante sobre qué son los Equipos de Propaganda Armada en el contexto de la guerra de guerrillas.

2. <u>Combinación: conciencia política y propaganda armada</u>

Los Equipos de Propaganda Armada combinan la elevación de la conciencia política con la propaganda armada, la cual será ejecutada por guerrilleros cuidadosamente seleccionados (preferiblemente con experiencia de combate), para la persuasión personal dentro de la población.

La selección del personal es más importante que el entrenamiento, porque no podemos entrenar a los cuadros guerrilleros únicamente para demostrar sentimientos de ardor y fervor, los cuales son esenciales ya que la persuasión de persona a persona es importante. Sin embargo, es aún más crucial entrenar a personas que sean intelectualmente cultivadas y ágiles.

Un Equipo de Propaganda Armada incluye de 6 a 10 miembros. Este número, o uno menor, es ideal, porque entonces hay más camaradería, solidaridad y espíritu de cuerpo. Los temas discutidos se asimilan más fácilmente, y los miembros reaccionan más rápidamente ante situaciones inesperadas.

Además de ser un combatiente armado y propagandista, cada miembro del equipo debe estar bien preparado para realizar comunicaciones constantes de persona a persona y cara a cara.

El líder del equipo deberá ser el comandante más motivado políticamente y más efectivo en la persuasión cara a cara. No será la posición, la jerarquía o el rango lo que determine quién desempeñe esta función, sino que lo hará quien esté mejor calificado para la comunicación con la gente.

La fuente principal de reclutamiento para los cuadros guerrilleros será los mismos grupos sociales nicaragüenses hacia los cuales se dirige la campaña psicológica, como campesinos, estudiantes, profesionales, amas de casa, etc. Se debe hacer que los campesinos vean que no tienen tierra; los obreros, que el estado está cerrando fábricas e industrias; los doctores, que están siendo desplazados por paramédicos cubanos y que, como médicos, no pueden ejercer su profesión por falta de medicamentos. Un requisito para reclutarlos será su habilidad para expresarse en público.

La selección del personal es más importante que el entrenamiento. El aumento de la conciencia individual y la capacidad de persuasión en las discusiones de grupos para motivar al guerrillero como combatiente-propagandista, seleccionando como cuadros y organizándolos en equipos a aquellos que tengan la mayor capacidad para este trabajo.

El entrenamiento de guerrilleros para equipos de propaganda armada se centra en el método, no en el contenido. Un entrenamiento de dos semanas es suficiente si el reclutamiento se realiza en la forma indicada. Si se ha seguido un proceso de selección incorrecto, el individuo seleccionado no producirá un resultado muy bueno, independientemente de lo bueno que sea el entrenamiento proporcionado.

El entrenamiento tendrá que ser intensivo durante 14 días, mediante discusiones dentro del equipo, alternando el rol de líder de la discusión entre los miembros del grupo.

Los temas a discutir serán los mismos; se introducirá un tema diferente cada día, para una práctica variada.

Los temas deberán referirse a las condiciones locales y a la significación que estas tienen para los residentes de la localidad, como hablar sobre cultivos, fertilizantes, semillas, riego, etc. También pueden incluirse los siguientes temas:

- Madera, tejas, herramientas de carpintería para casas y otros edificios;

- Barcos, lanchas, caminos, caballos, bueyes para el transporte, la pesca y la agricultura;

- Problemas que puedan tener localmente con vecinos, oficinas del régimen, visitantes, impuestos, etc.;

- Trabajo forzado, servicio en las milicias;

- Asociación forzada en agrupaciones sandinistas, como clubes de mujeres, asociaciones juveniles, asociaciones de trabajadores, etc.;

- Disponibilidad y precios de bienes de consumo y artículos de primera necesidad en tiendas locales y mercados;

- Características de la educación en las escuelas públicas;

- Preocupación de la población por la presencia de maestros cubanos en las escuelas y la interferencia política, es decir, usar las escuelas para fines políticos en lugar de educativos, como debería ser;

— Indignación por la falta de libertad religiosa y por la persecución de la cual son víctimas los sacerdotes; y por la participación de sacerdotes como D'Escoto y Cardenal en el gobierno sandinista, en contra de las órdenes explícitas de Su Santidad el Papa.

Nota: otros temas pueden ser desarrollados por los miembros del equipo.

Los grupos de interés para los Equipos de Propaganda Armada no son las personas con conocimientos políticos sofisticados sino aquellos cuya opinión se forma a partir de lo que ven y oyen. Los cuadros tendrán que usar la persuasión para llevar a cabo su misión. Algunos de los métodos de persuasión que pueden utilizarse son los siguientes:

— Grupo interno/grupo externo. Es un principio de la psicología que nosotros, los humanos, tenemos una tendencia a hacer asociaciones personales de "nosotros" y "los otros" o "nosotros" y "ellos"; "amigos" y "enemigos"; "compatriotas" y "extranjeros"; "latinos" y "gringos".

— Los Equipos de Propaganda Armada pueden usar este principio en sus actividades de manera que sea obvio que los grupos "externos" (o falsos) son los del régimen sandinista, y que los grupos "internos" (o verdaderos) que luchan por el pueblo son los Comandos de la Libertad.

- Debemos inculcar esto en la gente de manera sutil, para que estos sentimientos parezcan nacer de ellos mismos, espontáneamente.

- "Contra" es más fácil que "a favor". Es un principio de las ciencias políticas que es más fácil persuadir a la gente para que vote contra algo o alguien que para que vote a favor de algo o alguien. Aunque en la actualidad el régimen no ha dado al pueblo nicaragüense la oportunidad de votar, se sabe que el pueblo votaría en contra de él, por lo cual los Equipos de Propaganda Armada pueden usar este principio a favor de nuestra lucha insurreccional. Tendrán que asegurarse de que esta campaña esté dirigida específicamente contra el gobierno o sus simpatizantes, ya que la gente debe tener objetivos específicos para sus frustraciones.

- Grupos primarios y secundarios. Otro principio de la sociología es que nosotros, los humanos, formamos o cambiamos nuestras opiniones a partir de dos fuentes: principalmente, a través de nuestra asociación con familiares, colegas de trabajo o amigos íntimos; y secundariamente, a través de asociaciones más distantes como conocidos en iglesias, clubes o comités, o sindicatos y organizaciones gubernamentales. Los cuadros de los Equipos de Propaganda Armada tendrán que asociarse con los grupos primarios, con el propósito de persuadirlos para que sigan la política de nuestro movimiento, porque es de este tipo de grupos de donde provienen las opiniones o cambios de opiniones.

Técnicas de persuasión en charlas y discursos

- Sé simple y conciso. Evita palabras o expresiones difíciles. Usa palabras y expresiones populares, o sea, el lenguaje del pueblo. Al tratar con una persona, utiliza un lenguaje claro, evitando verborrea complicada. Recuerda que usamos la oratoria para hacer que nuestro pueblo entienda la razón de nuestra lucha, no para mostrar nuestro conocimiento.

- Usa ejemplos vívidos y realistas. Evita conceptos abstractos, como los que se usan en las universidades en los años superiores; en su lugar, da ejemplos concretos como niños jugando, caballos galopando, pájaros volando, etc.

- Comunica con gestos. Además de la comunicación verbal,

podemos comunicarnos a través de gestos, como mover las manos de manera expresiva, movimientos de la espalda, expresiones faciales, enfocar la mirada, y otros aspectos del "lenguaje corporal", proyectando la personalidad individual en el mensaje.

- Usa el tono de voz adecuado. Si hablas de felicidad, usa un tono feliz. Si hablas de algo triste, el tono de voz debe ser de tristeza; al hablar de un acto heroico o de valentía, habla con una voz animada, etc.

- Sobre todo, sé natural. Evita imitar a otros, ya que la gente, especialmente la gente sencilla, puede detectar fácilmente a un farsante. Tendrás que proyectar tu personalidad individual al dirigirse a la población.

3. "Ojos y oídos" dentro de la población

La abundancia de información de inteligencia que generará el despliegue de los Equipos de Propaganda Armada nos permitirá cubrir una gran área con nuestros comandos, quienes se convertirán en los ojos y oídos de nuestro movimiento dentro de la población.

- Los informes combinados de un programa de Equipos de Propaganda Armada nos proporcionarán detalles sobre las actividades enemigas.

- La información de inteligencia obtenida por los cuadros de los Equipos de Propaganda Armada deberá ser reportada a los jefes. No obstante, es necesario enfatizar que la primera misión de los Equipos de Propaganda Armada es realizar operaciones psicológicas, no obtener información de inteligencia.

- Cualquier informe de inteligencia se hará a través de un contacto externo del Equipo de Propaganda Armada, para no comprometer a la población.

- Los cuadros de Propaganda Armada son capaces de hacer lo que otros no pueden en una campaña de guerrilla: determinar personalmente el desarrollo o deterioro del apoyo popular, y la simpatía o hostilidad que la gente siente hacia nuestro movimiento.

- El programa de Equipos de Propaganda Armada, además de ser muy efectivo psicológicamente, aumenta la capacidad del grupo guerrillero para obtener y utilizar la información.

- Asimismo, el cuadro de Propaganda Armada reportará a su superior la reacción de la gente a las transmisiones de radio, panfletos insurreccionales, o cualquier otro medio de nuestra propaganda.

- La expresión o los gestos de los ojos y la cara, el tono y la fuerza de la voz, y el uso de palabras adecuadas influyen grandemente en la persuasión cara a cara con la gente.

Con los informes de inteligencia suministrados por los Equipos de Propaganda Armada, los comandantes tendrán un conocimiento exacto del apoyo popular, que utilizarán en sus operaciones.

4. Tácticas psicológicas, máxima flexibilidad

Las tácticas psicológicas tendrán la máxima flexibilidad dentro de un plan general, permitiendo un ajuste continuo e inmediato del mensaje, y asegurando causar un impacto en el grupo objetivo en el momento en que sea más susceptible.

Tácticamente, un programa de Equipos de Propaganda Armada debe cubrir la mayor parte, y, si es posible, todo el territorio operativo. Las comunidades en las que se llevará a cabo la propaganda no necesariamente tendrán que coincidir con unidades políticas de carácter oficial. No es necesario comprender completamente su estructura u organización, ya que los cuadros operarán aplicando acción sociopolítica y no teoría académica.

Las poblaciones de interés de los Equipos de Propaganda Armada serán seleccionadas porque forman parte del área operativa, y no por su tamaño o la extensión de su territorio.

— El objetivo debe ser el pueblo, no el área territorial.

- En este sentido, cada equipo de trabajo deberá cubrir aproximadamente seis centros poblacionales, con el fin de desarrollar el apoyo popular hacia nuestro movimiento. El equipo siempre deberá moverse de manera encubierta dentro de los centros poblacionales de su área. Deberá variar radicalmente su ruta, pero no su itinerario. Esto es para que los habitantes que están cooperando puedan depender de su itinerario, es decir, del momento en que puedan contactarlo frecuentemente para proporcionar información.

- El peligro de traición o emboscada puede ser neutralizado variando ligeramente el itinerario, utilizando rutas diferentes, así como llegando o saliendo sin previo aviso.

  - Mientras se utiliza el factor sorpresa, se deberá ejercer vigilancia para detectar la posible presencia de elementos hostiles.

  - No se debe permanecer más de tres días consecutivos en un lugar poblado.

  - El límite de tres días tiene ventajas tácticas obvias, pero también crea un efecto psicológico en la población cuando ven al equipo como una fuente de información actualizada. Además, puede sobreexponer al público de interés y causar una reacción negativa.

Se deberán tomar las precauciones tácticas básicas. Esto es

necesario para una mayor efectividad, como se indicó en la discusión sobre el tema "Propaganda Armada". Cuando se lleva a cabo de manera discreta, aumenta el respeto de la población hacia el equipo y mejora su credibilidad.

Los procedimientos básicos son: elementos encubiertos que ejerzan vigilancia antes y después de la salida, así como en intervalos. Debe haber al menos dos de ellos, quienes se encontrarán en un lugar predeterminado con una señal o antes de cualquier acción hostil.

El objetivo del equipo es motivar a toda la población de un lugar, pero siempre estando conscientes de que existen grupos objetivos específicos dentro de esta configuración general del público.

Aunque se realicen reuniones en el lugar poblado, los cuadros deberán reconocer y mantenerse en contacto con los grupos objetivos, mezclándose con ellos antes, durante y después de la reunión. El método para llevar a cabo este tipo de reuniones fue incluido en el tema "Propaganda Armada", y se tratará con mayor detalle bajo el título de "Control de Reuniones y Manifestaciones Masivas".

El enfoque principal de los cuadros de Propaganda Armada deberá centrarse en los residentes del lugar poblado, donde su conocimiento como formadores de opinión puede ser aplicado.

Durante las primeras visitas de identificación con los habitantes, los cuadros guerrilleros serán educados y humildes. Podrán trabajar en los campos o de cualquier otra manera en la que sus habilidades puedan contribuir a mejorar el nivel de vida de los habitantes locales, ganándose su confianza y conversando con ellos; ayudándoles a reparar las cercas de sus pastos y limpiarlas; ayudándoles en la vacunación de sus animales; enseñándoles a leer, es decir, viviendo estrechamente con ellos en todas las tareas propias del campesino o la comunidad.

En su tiempo libre, nuestros guerrilleros deberán integrarse con los grupos de la comunidad y participar con ellos en actividades comunitarias, fiestas, cumpleaños e incluso en velorios o entierros de miembros de la comunidad. Intentarán hablar tanto con adultos como con adolescentes. Buscarán penetrar dentro de la familia, para ganar la aceptación y confianza de todos los residentes del sector.

Los cuadros de los Equipos de Propaganda Armada darán formación ideológica, mezclando estas instrucciones con canciones populares y, al mismo tiempo, contando historias que tengan algún atractivo, tratando de que aludan a los actos heroicos de nuestros ancestros. También intentarán contar sobre los actos de heroísmo de nuestros combatientes en la lucha actual, para que los oyentes intenten imitarlos. Es importante hacerles saber que existen otros países en el mundo, donde la libertad y la democracia hacen que los gobernantes se preocupen por el bienestar de su pueblo, para que los niños reciban atención médica y educación gratuita; donde también se preocupan por asegurar que todos tengan trabajo, comida y todas las libertades, como las de religión, asociación y expresión; donde el objetivo principal del gobierno es mantener feliz a su pueblo.

Los cuadros deben mencionar su ideología política durante la primera fase de identificación con el pueblo y las charlas deben estar orientadas hacia temas que sean agradables para los campesinos o aquellos que escuchan, tratando de ser lo más sencillos posible para ser bien comprendidos.

Los objetivos tácticos para la identificación con el pueblo son los siguientes:

- Establecer relaciones cercanas mediante la identificación con el pueblo, a través de las mismas costumbres.

- Determinar las necesidades y deseos básicos de los diferentes grupos objetivo.

- Descubrir las debilidades del control gubernamental.

- Poco a poco, sembrar la semilla de la revolución democrática, para cambiar los vicios del régimen hacia un nuevo orden de justicia y bienestar colectivo.

- En la motivación de los grupos objetivo por los Equipos de Propaganda Armada, el cuadro debe aplicar los temas de "grupos verdaderos" y "falsos". El grupo verdadero será el grupo objetivo y el falso será el régimen sandinista.

- Ante los grupos de interés económico, como pequeños empresarios y campesinos, debemos enfatizar que sus potenciales ventajas son "limitadas" por el gobierno sandinista, que los recursos son cada vez más escasos, las ganancias mínimas, los impuestos altos, etc. Esto puede aplicarse a los empresarios del transporte y otros.

- Para los elementos ambiciosos de poder y posición social, debemos enfatizar que nunca podrán pertenecer a la clase social del gobierno, ya que sus círculos de poder están herméticamente cerrados. Por ejemplo, los nueve líderes sandinistas no permiten que otras personas participen en el gobierno e impiden el desarrollo del potencial económico y social de aquellos que, como ellos, tienen el deseo de superarse, lo cual es injusto y arbitrario.

- Crítica social e intelectual. Deben ser canalizadas hacia los profesionales, profesores, maestros, sacerdotes, misioneros, estudiantes y otros. Deben ver que sus escritos, comentarios o conversaciones están siendo censurados, lo cual no permite corregir estos problemas.

Una vez que se hayan determinado las necesidades y frustraciones de los grupos objetivo, la hostilidad de la gente hacia los "grupos falsos" se volverá más directa contra el régimen actual y su sistema represivo. Se hará ver al pueblo que, una vez que se elimine este sistema o estructura, se eliminará la causa de sus frustraciones y podrán hacer realidad sus deseos. Debe quedar claro para la población que apoyar la insurrección es, en realidad, apoyar sus propios deseos, ya que el movimiento democrático tiene como objetivo la eliminación de estos problemas específicos.

Como regla general, los Equipos de Propaganda Armada deben evitar participar en combates. Sin embargo, si esto no es posible, deben reaccionar como una unidad guerrillera con actividades de "golpear y correr", infligiendo la mayor cantidad de bajas al enemigo con fuego de asalto agresivo, recuperando armas del enemigo y retirándose rápidamente.

Una excepción a la regla de evitar el combate será cuando sean desafiados en la ciudad por acciones hostiles, ya sea por un individuo o por un número igual de hombres del lado enemigo.

La hostilidad de uno o dos hombres puede ser dominada eliminando al enemigo de manera rápida y eficiente. Este es el peligro más común.

Cuando el enemigo es igual en número, deben retirarse inmediatamente y luego emboscarlos o eliminarlos mediante francotiradores.

En cualquier caso, los cuadros de los Equipos de Propaganda Armada no deben convertir la ciudad en un campo de batalla. Por lo general, nuestros guerrilleros estarán mejor armados, por lo que obtendrán un mayor respeto de la población si realizan maniobras oportunas en lugar de poner sus vidas en peligro o incluso destruir sus hogares en un enfrentamiento con el enemigo dentro de la ciudad.

5. <u>Un programa de equipos coordinado: la infraestructura móvil</u>

Las operaciones psicológicas realizadas a través de los Equipos de Propaganda Armada incluyen la infiltración de comunicadores clave de la guerrilla (es decir, los cuadros de los Equipos de Propaganda Armada) entre la población del país en lugar de enviarles mensajes a través de fuentes externas, creando así nuestra "infraestructura móvil".

Una "infraestructura móvil" es un cuadro de nuestro equipo de propaganda armada que se desplaza, es decir, mantiene contacto entre seis o más poblaciones, desde donde provendrá su fuente de información; y al mismo tiempo se utilizará para que en un momento oportuno puedan integrarse plenamente al movimiento guerrillero.

De esta manera, un programa de Equipos de Propaganda Armada en el área operativa construye para nuestros comandantes en el terreno una fuente para la recolección y compilación continua de datos (infraestructura) de toda el área. También es un medio para desarrollar y aumentar el apoyo popular, reclutar nuevos miembros y obtener suministros.

Asimismo, un programa de Equipos de Propaganda Armada permite la expansión del movimiento guerrillero ya que estos equipos pueden penetrar en áreas que no están bajo el control de las unidades de combate. De esta forma, a través de una evaluación exacta de las unidades de combate, podrán planificar sus operaciones de manera más precisa, ya que tendrán un conocimiento seguro de las condiciones existentes.

Los comandantes recordarán que este tipo de operaciones, como la Quinta Columna, se utilizaron en la primera parte de la Segunda Guerra Mundial y que el uso de tácticas de infiltración y subversión permitió a los alemanes penetrar en los países objetivo antes de las invasiones. Lograron entrar en Polonia, Bélgica, Holanda y Francia en un mes; Noruega en una semana. La efectividad de esta táctica ha sido claramente demostrada en varias guerras, y puede ser utilizada eficazmente por los Comandos de la Libertad.

Las actividades de los Equipos de Propaganda Armada conllevan cierto riesgo, pero no mayor que cualquier otra actividad guerrillera. No obstante, los Equipos de Propaganda Armada son esenciales para el éxito de la lucha.

6. <u>Conclusiones</u>

De la misma manera en que los exploradores son los "ojos y oídos" de una patrulla, o de una columna en marcha, los Equipos de Propaganda Armada son también la fuente de información, las "antenas" de nuestro movimiento porque identifican y explotan las debilidades socio-políticas en la sociedad objetivo, haciendo posible una buena operación.

V.   DESARROLLO Y CONTROL DE ORGANIZACIONES FACHADAS

1. <u>Generalidades</u>

El desarrollo y control de organizaciones fachadas es un proceso esencial en el esfuerzo guerrillero para realizar la insurrección. Esto es, en realidad, un aspecto de las guerras de guerrilla urbanas, pero debe avanzar en paralelo con la campaña en el campo.

El objetivo de esta sección es proporcionar al estudiante guerrillero un entendimiento sobre el desarrollo y control de organizaciones fachadas en la guerra de guerrilla.

2. <u>Reclutamiento inicial</u>

El reclutamiento inicial al movimiento, si es involuntario, se llevará a cabo mediante varias "consultas privadas" con un cuadro (sin que el recluta se dé cuenta de que está hablando con uno de nuestros miembros). Posteriormente, se le informará al recluta que ya está en el movimiento y que correrá el riesgo de [ser capturado por] la policía del gobierno si no coopera. Cuando los guerrilleros realizan misiones de propaganda armada y un programa de visitas regulares a los pueblos por parte de los

Equipos de Propaganda Armada, estos contactos proporcionarán a los comandantes los nombres y lugares de las personas que podrían ser reclutadas. El reclutamiento voluntario se efectúa mediante visitas de líderes guerrilleros o cuadros políticos.

Una vez que se ha desarrollado una cadena de reclutamientos voluntarios y se ha establecido su fiabilidad al completar algunas misiones menores, se les instruirá para ampliar la cadena reclutando en grupos objetivo específicos, de acuerdo con el siguiente procedimiento:

- A partir de sus conocidos o mediante la observación de los grupos objetivo —partidos políticos, sindicatos, grupos juveniles, organizaciones agrarias, etc.—, se debe averiguar los hábitos personales, preferencias y aversiones, así como las debilidades de los individuos "reclutables".

- Hacer un acercamiento a través de un conocido y, si es posible, desarrollar una amistad, atrayendo (al individuo) por medio de sus preferencias o debilidades; posiblemente invitándolo a almorzar en un restaurante que le gusta, o a tomar una bebida en su bar favorito, o una invitación a cenar en un lugar de su preferencia.

El reclutamiento debe seguir unos de los siguientes patrones:

– Si en una conversación informal el objetivo parece susceptible al reclutamiento voluntario basado en sus creencias y valores personales, etc., se notificará al cuadro político encargado de realizar reclutamientos. El contacto original indicará al cuadro asignado en detalle todo lo que sabe sobre el posible recluta, y el estilo de persuasión que debería utilizarse, y los pondrá en contacto.

– Si el objetivo no parece susceptible al reclutamiento voluntario, se pueden organizar encuentros que parecen accidentales con líderes guerrilleros o cuadros políticos (desconocidos para el objetivo hasta entonces). El encuentro se organizará de manera que "otras personas" sepan que el objetivo estuvo allí, porque lo vieron llegar a cierta casa, o sentado en una mesa en un cierto bar, o incluso sentado en un banco del parque. Luego, el objetivo se enfrenta al hecho de su participación en la insurrección y también se le informará que si no coopera o no lleva a cabo órdenes futuras, se expondrá a represalias por parte de la policía o el ejército del régimen.

– La notificación a la policía, informando sobre un objetivo que se niega a unirse a los guerrilleros, puede llevarse a cabo fácilmente, cuando es necesario, mediante una carta con declaraciones falsas de ciudadanos que no están implicados en el movimiento. Se debe tener cuidado para que la persona que lo reclutó de manera encubierta no sea descubierta.

– Con la realización de misiones clandestinas para el movimiento, el involucramiento y compromiso de cada recluta irá aumentando gradualmente, y su confianza también crecerá. Este debe ser un proceso gradual, para evitar confesiones de individuos asustados a quienes se les hayan asignado misiones muy difíciles o peligrosas demasiado pronto.

Utilizando estas técnicas de reclutamiento, nuestra guerrilla puede infiltrar con éxito cualquier grupo de interés clave dentro del régimen, con el fin de mejorar el control interno sobre la estructura enemiga.

3. <u>Ciudadanos establecidos, Control subjetivo</u>

Los ciudadanos establecidos, como médicos, abogados, empresarios, terratenientes, funcionarios menores del estado, etc., serán reclutados para el movimiento y utilizados para el control interno subjetivo de los grupos y asociaciones a los que pertenecen o pueden pertenecer.

Una vez que el reclutamiento/involucramiento haya sido realizado y haya avanzado hasta un punto de confiabilidad que permita dar instrucciones específicas al personal para comenzar a influir en sus grupos, se les dará las siguientes directrices para llevar a cabo lo siguiente:

- El procedimiento es sencillo y solo requiere un conocimiento básico de la dialéctica socrática: es decir, el conocimiento inherente a otra persona o a la posición establecida de un grupo; algún tema, palabra o pensamiento relacionado con el objetivo de persuasión de nuestra persona encargada del reclutamiento.

- El miembro debe introducir luego este tema, trabajo o pensamiento en las discusiones o reuniones del grupo objetivo, mediante un comentario casual, lo cual mejorará el enfoque de los otros miembros del grupo en relación con él (el tema, etc.). Ejemplos específicos son:

  - Los grupos de intereses económicos están motivados por el beneficio, y generalmente sienten que el sistema de alguna manera impide el uso de sus habilidades en este esfuerzo, como impuestos, aranceles de importación/exportación, costos de transporte, etc. El cuadro encargado (de reclutamiento) incrementará este sentimiento de frustración en conversaciones posteriores.

  - Los aspirantes políticos, especialmente si no tienen éxito, sienten que el sistema los discrimina injustamente limitando sus capacidades, porque el régimen sandinista no permite elecciones. El cuadro debe canalizar las discusiones políticas hacia esta frustración.

– Los críticos sociales e intelectuales (como profesores, maestros, sacerdotes, misioneros, etc.) generalmente sienten que el gobierno ignora sus críticas válidas y censura injustamente sus comentarios, especialmente en una situación revolucionaria. Esto puede ser fácilmente demostrado por el miembro guerrillero como una injusticia del sistema, en reuniones y discusiones.

– En todos los grupos objetivo, una vez que se hayan establecido las frustraciones, la hostilidad hacia los obstáculos para sus aspiraciones se trasladará gradualmente hacia el régimen actual y su sistema de represión.

El cuadro guerrillero que trabaje entre los grupos objetivo debe mantener siempre una presencia discreta, de modo que el desarrollo de sentimientos hostiles hacia el régimen sandinista parezca surgir espontáneamente de los miembros del grupo, y no de las sugerencias del cuadro. Esto es control interno subjetivo.

La hostilidad contra el gobierno debe ser generalizada y

no necesariamente a nuestro favor.

Si un grupo desarrolla un sentimiento favorable hacia nosotros, puede ser aprovechado. Pero el objetivo principal es preparar de antemano los grupos objetivo para ser incluidos más adelante en las organizaciones de masas para la operación, cuando se hayan desarrollado con éxito otras actividades.

4. <u>Organización de células para la seguridad</u>

Los cuadros internos de nuestro movimiento deben organizarse en células de tres personas, siendo solo una de ellas la que tenga contacto fuera de la célula.

La célula de tres personas es el elemento básico del movimiento; debe tener reuniones frecuentes para recibir órdenes y transmitir información al líder de la célula. Estas reuniones también son muy importantes para el apoyo mutuo entre los miembros de la célula, así como para su moral. Deben llevar a cabo autocríticas sobre los éxitos y fracasos en la realización de misiones individuales de control subjetivo.

La coordinación de la célula de tres miembros proporciona una red segura para la comunicación bidireccional, donde cada miembro tiene contacto con solo una célula operativa. Los miembros no deben revelar en las reuniones de coordinación de la célula la identidad de su contacto en una célula operativa; solo deben divulgar la naturaleza de la actividad en la que está involucrada la célula, por ejemplo, trabajo en partidos políticos, trabajo en asociaciones médicas.

No existe una jerarquía de células más allá de un elemento de coordinación con los Comandantes de Zona, a través de los cuales se mantendrá un contacto directo, pero secreto, con el comandante de nuestro grupo guerrillero en el área operativa o zona. El diagrama que sigue (ver "Diagrama de organización de células", en Material adicional) no indica cuál es el límite de la nueva célula operativa, sino que indica que, por cada tres células operativas, necesitamos una célula de coordinación.

5. <u>Incorporación en una organización fachada</u>

La fusión de organizaciones reconocidas por el gobierno sandinista, como asociaciones y otros grupos, a través del control subjetivo interno, ocurre en las etapas finales de la operación, en estrecha relación con las reuniones masivas.

Cuando la acción guerrillera armada se haya expandido lo suficiente, se llevarán a cabo misiones de propaganda armada a gran escala: los equipos de propaganda expresarán claramente un apoyo abierto a las instituciones; el sistema enemigo de grupos objetivos estará bien infiltrado; y la preparación de estos grupos será realizada cuando se celebren reuniones masivas. Los cuadros internos deberán iniciar discusiones sobre la "fusión" de fuerzas en una organización: esta organización será un grupo "fachada" de nuestro movimiento.

Cualquier otro grupo objetivo será consciente de que otros grupos muestran una mayor hostilidad hacia el gobierno, la policía y las bases tradicionales de autoridad. Los cuadros guerrilleros de ese grupo, como los maestros, cultivarán esta conciencia haciendo comentarios como *"tal y tal, que es agricultor, dijo que los miembros de su cooperativa creen que la nueva política económica es absurda, mal planificada e injusta para los agricultores"*.

Cuando se incrementa la conciencia de que otros grupos son hostiles al régimen, se llevarán a cabo discusiones abiertas y nuestro movimiento podrá recibir informes de que la mayoría de sus operaciones están siendo compartidas de manera equitativa. Desarrollará una mayor hostilidad hacia el régimen y surgirá la orden de fusionarse. La incorporación a una organización fachada se lleva a cabo de la siguiente manera:

- Los cuadros internos de nuestro movimiento se reunirán con otros en posiciones de liderazgo, como presidentes, líderes y otros, en reuniones organizadas presididas por el jefe de la organización de nuestro movimiento. Pueden asistir dos o tres escoltas si es necesario.

- Después de la reunión, se debe emitir un comunicado

conjunto anunciando la creación de la organización "fachada", que incluirá los nombres y firmas de los participantes y los nombres de las organizaciones que representan.

– Tras la emisión de este comunicado, se deben iniciar reuniones masivas, cuyo objetivo debe ser la destrucción del sistema de control sandinista.

6. <u>Conclusiones</u>

El desarrollo y control de organizaciones fachadas en la guerra de guerrilla dará a nuestro movimiento la capacidad de crear el efecto de empuje dentro de la población cuando se dé la orden de fusionarse.

Cuando la infiltración y el control subjetivo interno se han desarrollado junto a otras actividades guerrilleras, un comandante de la guerrilla democrática podría literalmente sacudir y reemplazar la estructura sandinista.

VI.   CONTROL DE MASAS Y REUNIONES

1. <u>Generalidades</u>

Durante las últimas etapas de una lucha guerrillera, las reuniones y concentraciones masivas son un instrumento psicológico poderoso para llevar a cabo la misión.

El propósito de esta sección es entrenar al estudiante guerrillero en las técnicas de reuniones y concentraciones masivas en la guerra de guerrillas.

2. <u>Infiltración de los cadres guerrilleros</u>

- Infiltración de los cuadros guerrilleros (ya sea un miembro de nuestro propio movimiento o un miembro externo) en sindicatos, movimientos juveniles, organizaciones campesinas, etc., precondicionando a estos grupos para que actúen entre las masas, donde deberán realizar labores de proselitismo de manera clandestina para la lucha insurreccional.

- Nuestro equipo de guerra psicológica debe desarrollar con antelación una actitud mental hostil entre los grupos objetivo, de manera que, en el momento oportuno, puedan convertir su ira en violencia, exigiendo los derechos que el régimen les ha arrebatado.

– Estas campañas de precondicionamiento estarán dirigidas a los partidos políticos, organizaciones profesionales, estudiantes, trabajadores, las masas desempleadas, las minorías étnicas y cualquier otro sector vulnerable o reclutable de la sociedad; esto también incluye a las masas populares y simpatizantes de nuestro movimiento.

– El objetivo principal de una campaña de precondicionamiento es crear una imagen negativa del enemigo común, por ejemplo:

– Describir a los directores de las entidades colectivas gubernamentales como "esclavistas" en su trato con el personal.

– Decir que la policía maltrata al pueblo de la misma manera que la "gestapo" comunista.

– Decir que los funcionarios del Gobierno de Reconstrucción Nacional son lacayos del imperialismo cubano-soviético.

– Nuestros cuadros de guerra psicológica crearán obsesiones compulsivas temporales en concentraciones masivas o reuniones de grupos, insistiendo en temas específicos o selectivos; en conversaciones informales, expresando descontento; escribiendo editoriales para periódicos y radio, con el objetivo de condicionar el pensamiento del pueblo para el momento decisivo, cuando se volcarán hacia la violencia generalizada.

- Para facilitar el precondicionamiento de las masas, debemos repetir frecuentemente frases para que la gente sepa, por ejemplo, que:

  - Hacer evidente para ellos que los impuestos que pagan al gobierno no benefician al pueblo en absoluto, y que, por el contrario, son utilizados en forma de explotación y para enriquecer a los funcionarios del gobierno.

  - Demostrarles que el pueblo ha sido convertido en esclavo y está siendo explotado por grupos políticos y militares privilegiados.

  - Que los consejeros extranjeros y sus programas de asesoría son en realidad unos intervencionistas en nuestro país, que dirigen la explotación de la nación de acuerdo con los objetivos de los imperialistas soviéticos y cubanos, con el fin de convertir a nuestro pueblo en esclavo de la hoz y el martillo.

3. <u>Selección de eslogan apropiados</u>

Los comandantes de la guerra de guerrilla seleccionan sus

eslóganes de acuerdo con las circunstancias, con el objetivo de movilizar a las masas en un amplio rango de actividades y en el nivel emocional más alto.

Cuando se lleve a cabo la insurrección de las masas, nuestros cuadros encubiertos deben realizar demandas parciales, exigiendo inicialmente, por ejemplo: "queremos comida", "queremos libertad religiosa", "queremos libertad sindical", pasos que nos llevarán a la realización de los objetivos de nuestro movimiento, que son: DIOS, PAÍS Y DEMOCRACIA.

Si se observa una falta de organización y mando en la autoridad enemiga, y la gente se encuentra en un estado de excitación, esta situación puede ser explotada para que nuestros agitadores eleven el tono de los lemas hasta llevarlos al punto más alto.

Si las masas no están emocionalmente excitadas, nuestros agitadores continuarán con los eslóganes "parciales", y las demandas estarán basadas en necesidades cotidianas, conectándolas con los objetivos de nuestro movimiento.

Un ejemplo de la necesidad de dar lemas simples es que pocas personas piensan en términos de millones de Córdobas, pero cualquier ciudadano, por pobre que sea, entiende que un par de zapatos es una necesidad. Los objetivos del movimiento son de carácter ideológico, pero nuestros agitadores deben tener en cuenta que la comida, "pan y manteca", "tortilla y heape", ganan al pueblo, y deben entender que esa es su misión principal.

4. Creación de núcleos

Esto implica la movilización de un número específico de agitadores de la organización guerrillera del pueblo. Este grupo inevitablemente atraerá un número igual de individuos curiosos que buscan aventuras y emociones, así como aquellos que están insatisfechos con el sistema de gobierno.

La guerrilla atraerá simpatizantes, ciudadanos que están descontentos como resultado de la represión [del gobierno]. A cada subunidad guerrillera se le asignarán tareas y misiones específicas que deben llevar a cabo.

Nuestros [cuadros] serán movilizados en el mayor número posible, junto con individuos que hayan sido afectados por la dictadura comunista, ya sea que les hayan robado sus posesiones, hayan sido encarcelados, torturados o hayan experimentado cualquier otro tipo de agresión contra ellos mismos. Se movilizarán hacia las áreas donde viven los miembros criminales y hostiles del FSLN, CDS y otros, esforzándose por ir armados con palos, barras de hierro, pancartas y, si es posible, armas pequeñas, que llevarán ocultas. <u>Si es posible, se contratarán criminales profesionales para realizar trabajos selectivos específicos.</u>

Nuestro agitador visitará los pueblos donde pueda haber personas desempleadas, así como las oficinas de desempleo, para contratarlas para "trabajos" no especificados. El reclutamiento de individuos de dudosa reputación es necesario porque crea un núcleo bajo órdenes absolutas.

Los cuadros designados organizarán de antemano el transporte de los participantes para llevarlos a los lugares de reunión en vehículos privados o públicos, botes o cualquier otro medio de transporte.

Otros cuadros serán designados para fabricar pancartas, banderas y estandartes con diferentes tipos de eslóganes o consignas, ya sean de carácter parcial, transitorio o más radical.

Otros cuadros serán designados para preparar volantes, carteles, octavillas y panfletos para hacer las reuniones más vistosas. Este material contendrá instrucciones para los participantes y también será útil contra el régimen.

<u>Se asignarán trabajos específicos a otros elementos para crear un "mártir" para la causa, llevando a los manifestantes a un enfrentamiento con las autoridades, con el fin de provocar disturbios o tiroteos que puedan causar la muerte de una o más personas que se convertirían en mártires, una situación que se debe aprovechar inmediatamente contra el régimen para crear mayores conflictos.</u>

5. <u>Formas de llevar a cabo una sublevación en reuniones masivas</u>

Una reunión masiva puede ser influenciada por un pequeño grupo de guerrilleros infiltrados entre las masas, aquellos que tendrán la misión de agitar, dando la impresión de que son numerosos y que cuentan con un amplio apoyo popular. Empleando tácticas con una fuerza de 200 a 300 agitadores, se puede crear una manifestación en la que participen de 10.000 a 20.000 personas.

La agitación de las masas en una demostración se realiza mediante objetivos socio-políticos. Uno o varios agentes de nuestro movimiento encubierto, altamente entrenados como agitadores de masas, deben participar en esta acción, involucrando a personas inocentes para provocar una protesta aparentemente espontánea. Estos individuos dirigirán todo el encuentro hasta su conclusión.

Comando externo. Este grupo se mantiene al margen de todas las actividades, ubicado de tal manera que pueda observar el desarrollo de los eventos planificados desde donde está estacionado. Como punto de observación, por ejemplo, debería buscar un campanario de iglesia, un edificio alto, un árbol alto, la fila más alta del estadio o de un auditorio, o cualquier otro lugar elevado.

Comando interno. Este individuo permanecerá dentro de la multitud. Se debe dar gran importancia a la protección de los líderes de estos individuos. Se deben usar algunas pancartas o estandartes alusivos para designar los Puestos de Comando, y para enviar señales a las sub-unidades. Este individuo evitará colocarse en lugares donde puedan ocurrir peleas e incidentes después de que la manifestación comience.

Nuestros agitadores clave permanecerán dentro de la multitud. La persona a cargo de esta misión instruirá de antemano a los agitadores para que se mantengan cerca de las pancartas que les han asignado, con el fin de protegerlas de cualquier oponente. De esta manera, el comandante sabrá dónde están ubicados nuestros agitadores y podrá enviar órdenes sobre el cambio de consignas o eslóganes o cualquier otro evento imprevisto, y eventualmente, si así lo desea, incluso puede fomentar la violencia.

En esta etapa, una vez que los cuadros clave se hayan distribuido, deberían posicionarse en lugares visibles, como señales, postes de luz y otros sitios notorios.

Nuestros agitadores clave deben evitar los lugares de disturbios una vez que se hayan asegurado de haberlos iniciado.

Destacamento de defensa. Estos individuos actuarán como guardaespaldas móviles, formando un círculo protector alrededor del jefe para protegerlo de la policía y el ejército, o para ayudarlo a escapar si fuera necesario. Deben ser altamente disciplinados y solo reaccionarán a una orden verbal del jefe.

En el caso de que el jefe participe en una reunión religiosa, un funeral o cualquier otra actividad que deba llevarse a cabo de manera ordenada, los guardaespaldas permanecerán en las filas que están muy cerca del jefe o de los portadores de pancartas o estandartes para brindarles la mejor protección.

Los participantes en esta misión deben ser combatientes guerrilleros vestidos con ropa de civil, o bien reclutas contratados que simpatizan con nuestra lucha y están en contra del régimen opresor. Estos miembros deben ser muy disciplinados y usarán la violencia solo bajo órdenes verbales de la persona a cargo.

Mensajeros. Deben permanecer cerca de los líderes, transmitiendo órdenes entre los comandos externos e internos. Harán uso de radios, teléfonos, bicicletas, motocicletas, automóviles o viajarán a pie o a caballo, tomando senderos o caminos para acortar las distancias. Los adolescentes (tanto hombres como mujeres) son ideales para este tipo de misión.

Tropas de choque. Estos hombres deben estar equipados con armas no letales (cuchillos, navajas, cadenas, garrotes) y deberían marchar detrás de los participantes inocentes e incautos. Deben ocultar sus armas. Solo actuarán como "refuerzo" si los agitadores guerrilleros son atacados por la policía. Aparecerán de manera súbita, violenta y sorprendente, con el fin de distraer a las autoridades, haciendo posible la retirada rápida o la fuga del comando interno.

Portadores de pancartas y estandartes. Las pancartas y estandartes utilizados en manifestaciones o reuniones expresarán las quejas de la población, pero cuando la demostración llegue a su nivel más alto de euforia o descontento popular, nuestros infiltrados harán uso de las pancartas que contengan eslóganes y consignas que beneficien nuestra causa y sean en contra del régimen, las cuales podremos infiltrar de manera encubierta. La persona a cargo de esta misión instruirá de antemano a los agitadores para que permanezcan cerca de las pancartas de cualquier miembro de la oposición. De esta manera, el comandante sabrá dónde están ubicados los agitadores y podrá enviar órdenes para cambiar los eslóganes y eventualmente fomentar la violencia si así lo desea.

Agitadores de consignas y aplausos. Se les darán instrucciones específicas para usar consignas ensayadas. Podrán utilizar frases como "tenemos hambre", "queremos pan", "no queremos comunismo".

Estas tareas y técnicas para agitar a las masas son bastante similares a las que usan los animadores en juegos de béisbol y fútbol americano de secundaria. El objetivo es ganar más partidarios, no solo gritar eslóganes.

6. **<u>Conclusiones</u>**

95

En un movimiento revolucionario de guerra de guerrilla, la reunión de las masas y las manifestaciones de protesta son elementos esenciales para la destrucción de la estructura del enemigo.

VII.   APOYO MASIVO DE LOS GRUPOS DE BASE A TRAVÉS DE OPERACIONES PSICOLÓGICAS

1. <u>Generalidades</u>

La cobertura separada en estas secciones podría dejar al estudiante con algunas dudas. Por lo tanto, todas las secciones se resumen aquí, con el fin de proporcionar una imagen más clara de este libro.

2. <u>Motivación como Combatiente-Propagandista</u>

Cada miembro de la lucha debe entender que su misión política es tan importante como, si no más que, su misión táctica.

3. <u>Propaganda armada</u>

La propaganda armada en pueblos pequeños, aldeas rurales y distritos residenciales de la ciudad debe dar la impresión de que nuestras armas no son para ejercer poder sobre el pueblo, sino más bien que las armas son para proteger al pueblo; que ellas representan el poder del pueblo contra el gobierno opresor del FSLN[17].

---

17 Frente Sandinista de Liberación Nacional.

4. <u>Equipos de Propaganda Armada</u>

Los Equipos de Propaganda Armada combinarán la construcción de conciencia política con la capacidad de llevar a cabo propaganda con fines de persuasión personal, la cual se realizará dentro de la población.

5. <u>Organizaciones clandestinas (o fachadas)</u>

La fusión de varias organizaciones y asociaciones reconocidas por el gobierno, a través del control subjetivo interno, se produce en las etapas finales de la operación, en estrecha cooperación con asambleas masivas.

6. <u>Control de Manifestaciones Masivas</u>

La mezcla de elementos de la lucha con los participantes en la manifestación dará la apariencia de una demostración espontánea, sin dirección, la cual será utilizada por los agitadores de la lucha para controlar el comportamiento de las masas.

7. <u>Conclusiones</u>

Con demasiada frecuencia, vemos la guerra de guerrilla

solo desde el punto de vista de las acciones de combate. Esta visión es errónea y extremadamente peligrosa. Las acciones de combate no son la clave para la victoria en la guerra de guerrilla, sino que forman parte de uno de los seis esfuerzos básicos. No hay prioridad en ninguno de los esfuerzos, sino que deben progresar de manera paralela.

El énfasis o exclusión de cualquiera de estos esfuerzos podría causar serias dificultades, y en el peor de los casos, incluso el fracaso. La historia de las guerras revolucionarias ha demostrado esta verdad.

APÉNDICE: TÉCNICAS DE ORATORIA

1. <u>Informaciones generales</u>

El propósito de este apéndice es complementar las pautas y recomendaciones dirigidas a los propagandistas-guerrilleros expresadas en el tema de "Técnicas de Persuasión en Charlas y Discursos" (Sección IV), con el fin de mejorar las capacidades para la organización y expresión del pensamiento por parte de aquellos que deseen perfeccionar sus habilidades oratorias.

Después de todo, la oratoria es uno de los recursos más valiosos para ejercer liderazgo. La oratoria puede ser utilizada, entonces, como una herramienta política extraordinaria.

2. <u>La audiencia</u>

La oratoria es el medio de comunicación coincidente por excelencia; es decir, el orador y su audiencia coinciden en un solo tiempo y lugar. Por esa razón, cada discurso debe ser una experiencia diferente, enmarcada en "esa" circunstancia o situación real en la que vive y por la cual está influenciada la audiencia. Así que la audiencia debe ser considerada como un "estado de ánimo". La felicidad, la tristeza, la ira, el miedo, etc., son estados psíquicos que debemos considerar que existen en nuestra audiencia, y es el entorno el que influye en el público objetivo.

El ser humano consiste en una mente y un alma; actúa de acuerdo con pensamientos y sentimientos, y responde a los estímulos de ideas y emociones. Por lo tanto, hay solo dos enfoques posibles para cualquier exposición, incluidos los discursos: un enfoque real, basado en apelaciones a la razón, es decir, al pensamiento; y un enfoque idealizado, que apela a las emociones o a los sentimientos.

En cuanto al orador, aunque debe ser sensible a las emociones colectivas existentes, al mismo tiempo debe mantenerse separado para poder liderar y controlar efectivamente las emociones de la audiencia. Cuando durante el impulso oratorio se produce la antítesis entre el corazón y la mente, el juicio, que es la característica de un líder, debe prevalecer siempre.

3. <u>Oratoria política</u>

La oratoria política es una de las diversas formas de hablar en público y generalmente cumple con uno de los siguientes tres objetivos: enseñar, persuadir o conmover a la audiencia; el método utilizado se reduce a apelaciones, órdenes, preguntas y respuestas.

La oratoria es una cualidad tan ligada al liderazgo político que se puede decir que la historia de los oradores políticos es la historia política de la humanidad, una afirmación respaldada por nombres como Cicerón, Demóstenes, Dante, Mirabeau, Robespierre, Clemenceau, Lenin, Trotsky, Mussolini, Hitler, Roosevelt, entre otros.

4. <u>Aspectos positivos de un discurso</u>

En general, las características más valoradas en un discurso, y específicamente en un discurso político dentro del marco de la acción psicológica en la lucha armada, son las siguientes:

- Brevedad y concisión: un discurso ideal tiene una duración de aproximadamente cinco minutos. Un orador que sea breve demuestra aún más su habilidad, como se expresa en esa conocida frase: *"Si quieren un discurso de dos horas, empiezo ahora; si quieren uno que dure solo dos minutos, déjenme pensar un rato"*.

- Desarrollo en torno a un tema: un discurso debe ser un conjunto de ideas organizadas que se desarrollen en torno a un tema. Un buen discurso se expresa en conceptos y no solo con palabras.

- Lógica: las ideas presentadas deben ser lógicas y

fácilmente aceptables. Nunca se debe desafiar la lógica en la mente de la audiencia, ya que esto llevaría inmediatamente a la pérdida de lo más importante: la credibilidad. Cuando sea posible, es aconsejable basar un discurso en un silogismo que el orador debería adaptar a su exposición. Por ejemplo: *"Aquellos que se enriquecen mientras gobiernan son ladrones; los Sandinistas se han enriquecido mientras gobiernan; por lo tanto, los Sandinistas son ladrones"*. Este podría ser el mensaje de un discurso sobre la corrupción administrativa del régimen. Siempre que un discurso carece de una idea o de un grupo de ideas directrices, puede volverse fácilmente disperso y confuso.

5. <u>Partes de un discurso</u>

No existe verdadera improvisación en la oratoria. Cada orador utiliza un "plan mental" que le permite organizar sus ideas y conceptos rápidamente. Con la práctica, es posible hacer esto en solo unos segundos, casi simultáneamente con el acto de hablar.

Los elementos que constituyen un discurso se presentan a continuación en el orden recomendado para aquellos que desean mejorar de manera consistente su capacidad de hablar:

– Introducción o exordio: al primer contacto con la

audiencia, se puede hacer una presentación personal o de el grupo al que pertenecemos, así como la razón de nuestra presencia allí, etc. Durante estos primeros segundos es crucial causar un impacto, captando la atención y despertando el interés de la audiencia. Para ello, hay recursos como comenzar con una cita clave o eslóganes previamente preparados, contar una anécdota dramática o humorística, etc.

- Propuesta o declaración: se define el tema del discurso, ya sea explicándolo en su totalidad o en partes.

- Valoración o argumento: se presentan los argumentos en este orden exacto: primero los argumentos negativos, o aquellos que se oponen a la tesis que se desea defender, y luego los argumentos positivos, o aquellos favorables a nuestra tesis, añadiendo inmediatamente pruebas o hechos que respalden dichos argumentos.

- Resumen o conclusión: se debe hacer un resumen breve y las conclusiones deben ser más explícitas.

- Exhortación: se hace un llamamiento a la acción pública. En otras palabras, se anima a la audiencia, casi siempre de manera enérgica, a hacer o no hacer algo.

Algunos recursos literarios

Aunque las figuras retóricas son típicamente oratorias, la verdad es que la oratoria ha tomado prestadas numerosas figuras de otros géneros literarios, varias de las cuales utilizamos, a menudo de manera inconsciente, en nuestras expresiones cotidianas e incluso en nuestros discursos.

A continuación, enumeramos un buen número de figuras literarias que se usan con frecuencia en la oratoria, recomendando a los interesados que las empleen con moderación, ya que un orador que abusa de las figuras literarias pierde autenticidad y suena falso.

Las figuras más utilizadas en la oratoria son aquellas basadas en la repetición de palabras en ciertos puntos del discurso, como:

- Anáfora o repetición de una palabra al inicio de cada frase. Por ejemplo: *"Libertad para los pobres, libertad para los ricos, libertad para todos"*.
- En la reiteración, se repite insistentemente una frase completa (eslogan) a lo largo del discurso. Por ejemplo: *"Con Dios y patriotismo venceremos al comunismo, porque..."*.
- Conversión, repetición al final de cada frase. Por ejemplo: *"El sandinismo pretende estar por encima de todos,*

dominar a todos, someter a todos, y, como tiranía absoluta, eliminar a todos".

- Complejidad, repetición que ocurre tanto al inicio como al final de las oraciones. Ejemplo: "*¿Quién trajo la intervención ruso-cubana? Los sandinistas. ¿Y quién comercia armas con los países vecinos? Los sandinistas. ¿Y quién proclama ahora ser partidario de la no intervención? Los sandinistas*".

- Reduplicación, cuando una frase comienza con la misma palabra con la que termina la frase anterior. Ejemplo: "*Luchamos por la democracia, democracia y justicia social*".

- Concatenación, una cadena formada por varias duplicaciones. Ejemplo: "*El comunismo transmite el engaño del niño al joven, del joven al adulto, y del adulto al anciano*".

- En el juego de palabras, se usan las mismas palabras con un significado diferente para obtener un efecto ingenioso. Ejemplo: "*La mayor riqueza de cada ser humano es su libertad, porque los esclavos siempre serán pobres, pero nosotros, los pobres, podemos tener la riqueza de nuestra libertad*".

- Ritmo similar, utilizando verbos del mismo tiempo y persona o sustantivos del mismo número y caso. Ejemplo:

"Nosotros que estamos luchando entraremos marchando porque quien persevera alcanza y quien se rinde se queda atrás".

- Sinonimia, repetición de palabras con significado similar. Ejemplo: *"Exigimos una Nicaragua para todos sin excepciones ni omisiones"*.

Entre las figuras de fondo más comunes están:

- Comparación o símil, que establece una relación de semejanza entre dos o más seres o cosas. Ejemplo: *"Porque amamos a Cristo, amamos a sus obispos y ministros"*, *"Libre como un pájaro"*.

- Antítesis, el contraste de palabras, ideas o frases de significado opuesto. Ejemplo: *"Prometieron libertad y dieron esclavitud; que distribuirían riqueza y repartieron pobreza; que traerían paz y trajeron guerra"*.

Entre las figuras lógicas se encuentran:

- Concesión, una forma hábil de conceder algo al oponente para enfatizar mejor las dificultades usando conjunciones como: pero, sin embargo, aunque, no obstante, a pesar de, etc. Ejemplo: *"El alcalde ha sido honesto aquí, pero no es él quien maneja todos los dineros de la nación"*. Esta es una forma efectiva de rebatir cuando la opinión del público no está completamente de nuestro lado.

- Permisión, cuando aparentemente se está de acuerdo con algo pero en realidad se rechaza. Ejemplo: *"No protesten, pero subviertan"*, *"hablen bajo, pero díganlo a todos"*.

- Prolepsis, una refutación anticipada. Ejemplo: *"Algunos pensarán que son solo promesas; dirán como dijeron los otros, pero no es así. Somos diferentes, somos cristianos, consideramos a Dios testigo de nuestras obras"*.

- Preterición, una estrategia que, al fingir discreción, dice algo muy claro e indiscreto. Ejemplo: *"Si no estuviera obligado a guardar secretos militares, les contaría a todos sobre la gran cantidad de armamento en nuestro poder, para que tengan mayor confianza en la certeza de nuestra victoria"*.

- Comunicación, una forma de hacer y responder una pregunta uno mismo. Ejemplo: *"Si ellos faltan al respeto a los ministros de Dios, ¿nos respetarán a nosotros, simples ciudadanos? Nunca"*.

- Duda, una forma de expresar perplejidad o impotencia al decir algo, usada únicamente como recurso oratorio. Ejemplo: *"Soy solo un campesino y puedo decirles muy poco. Sé muy poco y no puedo explicar los complejos temas de la política. Por eso les hablo desde el corazón, mi sencillo corazón de campesino, como lo somos todos".*

- Lítotes, un medio para significar mucho diciendo muy poco. Ejemplo: *"Los nueve comandantes no han robado mucho, solo todo el país".*

- Ironía, consiste en significar lo contrario de lo que se dice. Ejemplo: *"Las divinas hordas que amenazan y matan, esas sí son realmente cristianas".*

- Ampliación, presentar una idea desde diferentes ángulos. Ejemplo: *"Los votos políticos son el poder del pueblo en la democracia. Los votos económicos son su poder en la economía. Las mayorías deciden qué se debe producir, ya sea comprando o no. Esa es la forma de democracia económica".*

Las figuras patéticas más comunes son:

- Oración o súplica, para obtener algo. Ejemplo: *"Señor, líbranos del yugo, concédenos la libertad".*

- Implicación de amenaza, expresar un sentimiento contra lo injusto o irresoluble. Ejemplo: *"Que haya patria para todos, o para nadie".*

- La amenaza, similar a la anterior, presenta un sentimiento de malicia hacia otros. Ejemplo: *"Que se hundan en el abismo de su propia corrupción"*.

- Apóstrofe, dirigirse a algo extraterrestre o inanimado como si fuera un ser vivo. Ejemplo: *"Montañas de Nicaragua, hagan crecer la semilla de la libertad"*.

- Interrogación, consiste en cuestionarse para dar énfasis. Se diferencia de la comunicación en que esta última da una respuesta lógica, no patética. Ejemplo: *"Si ya mataron a mi familia, amigos, mi hermano campesino, ¿tengo otro recurso que no sea tomar las armas?"*.

- Insinuación, consiste en presentar intencionadamente un pensamiento incompleto para que sea completado mentalmente por el público. Ejemplo: *"Prometieron pluralismo político y entregaron totalitarismo; prometieron justicia social y aumentaron la pobreza. Ofrecieron libertad de prensa y trajeron censura. Ahora prometen al mundo elecciones libres..."*.

Taiwan Says It Did Provide Aid to Contras, Los Angeles Times, 16 de mayo, 1987.

Anderson, Jack; Van Atta, Dale; *Red China Sell Arms to Contras*, The Washington Post, 5 de mayo, 1986.

Marshall, Jonathan, *Israel, the Contras and the North Trial*, MERIP, septiembre/octubre 1989.

McManus, Doyle, *Contras May Have Got $30 Million From Saudi Arabia*, Los Angeles Times, 15 de enero, 1987.

Pietrobon, Emanuel; *L'arte della guerra ibrida. Teoria e prassi della destabilizzazione*, Castelvecchi, 2022.

Acrónimos

CDS: Comités de Defensa Sandinista.

CIA: Central Intelligence Agency.

EPA: Equipos de Propaganda Armada.

FSLN: Frente Sandinista de Liberación Nacional.

HUK: Hukbong Bayan Laban sa Hapo.

Los relatos escritos sobre las operaciones subversivas de la CIA en Nicaragua durante la década de 1980 no terminan con el manual que usted acaba de leer.

Esta sección final está diseñada para recopilar otros documentos importantes, aunque menos conocidos, de la guerra encubierta de los Estados Unidos contra los sandinistas, como informes desclasificados y materiales de propaganda en su idioma original.

PHILADELPHIA INQUIRER
26 December 1986

Contras plan powerful radio broadcasts into Nicaragua

By Marjorie Miller
Los Angeles Times

MIAMI — U.S.-backed Nicaraguan rebels soon will launch a powerful clandestine radio broadcast to try to fuel public discontent with Nicaragua's ruling Sandinistas and win popular support inside the country.

The 50,000-watt broadcasting station, apparently the world's only AM guerrilla radio channel, would be the Nicaraguan contras' biggest effort yet in the war's political side, which they have largely ignored until now.

"I think the radio is as important as the [insurgent] army," rebel spokesman Leonardo Somarriba said. "It is the tool we can use to get to the people's minds."

Radio Liberacion, as it is named, is expected to be on the air by the first of the year, Somarriba said. The 6 p.m.-to-6 a.m. broadcasts are expected to include anti-Sandinista music, soap operas, editorials and commentary by rebel leaders.

Productions already prepared include mocking characterizations of President Daniel Ortega and Interior Minister Tomas Borge speaking in the countryside, with sound effects of barking dogs, crowing roosters and piano scales for drama.

The polished programs have high-tech lead-ins with beeping radio signals and canned applause. And always the rebels' message: "Radio Liberacion . . . the voice of those who have no voice. . . . Thousands of compatriots who form the commandos of liberty in a country oppressed by international communism through

nine traitors of the Sandinista front. . . . Communists — enemies of God and man."

Rebel leaders said their news programs would be "objective, without propaganda and without censorship," in an effort to earn them credibility and a wide audience and to counter the Sandinista-controlled media in Nicaragua.

"We want to be the number-one radio station in Nicaragua," said Frank Arana, a rebel spokesman.

U.S. officials who asked not to be identified said that the rebel radio would be broadcast from nearby El Salvador, where a leftist guerrilla movement is fighting to oust the U.S.-backed government. Contra sources said only that the transmitter "could be anywhere" and would not comment further.

The Salvadoran guerrillas receive assistance for their clandestine Radio Venceremos from Nicaragua. Contra leaders said that they had studied Venceremos as well as the U.S. government's Spanish-language Radio Marti, which is beamed at Cuba.

Radio is the most popular medium in poor countries such as Nicaragua and El Salvador, where television is expensive and illiteracy is high. Radio has been used extensively for "psychological operations" in the Salvadoran government's counterinsurgency war.

Contra spokesmen said that funding for the radio station did not come out of the $100 million in aid that Congress approved for the contras this year. However, the spokesmen

would not identify the source or quantity of the "private donations" that they said were supporting the radio.

U.S. sources say that State Department and Central Intelligence Agency officials have advised the rebels on the radio, but contra spokesmen would not comment on whether they received any assistance. Regional political analysts have said that one of the contras' major problems was their lack of a political program and internal propaganda.

"They should have done this a long time ago," said a U.S. official who asked not to be identified. "They have got to get their message to the population. They have got to articulate what this war is about."

With the radio, the contras hope to increase the name recognition of their leaders, many of whom are little-known inside Nicaragua. They hope to convince Nicaraguans that they are a nationalistic movement — rather than a U.S. mercenary force, as the Sandinistas portray them in the state-run media — and to show that they are united.

The radio will be run under the name of the United Nicaraguan Opposition, the rebel's umbrella group. The Nicaraguan Democratic Force, the largest armed group, has had a weaker shortwave radio called 15 de Septiembre, which aired two hours daily but was hard to receive.

Sandinista spokesmen could not be reached for official comment on the radio, but a Defense Ministry official said, "First, let's see if they get it on the air, and then we'll worry about jamming it."

116

Misleading Americans

The Washington Post
The New York Times
The Washington Times
The Wall Street Journal
The Christian Science Monitor
New York Daily News
USA Today
The Chicago Tribune

L.A. TIMES, PT. 5, Pg. 1
Date 11 SEP 1988

By Robert Parry and Peter Kornbluh

WASHINGTON

If George Bush has his way, the Iran-Contra affair will be the forgotten issue of the fall campaign. The vice president's men feel Bush has artfully dodged questions about his role while relying on press and public boredom to bury the issue once and for all. But now a troubling new question rises: What did Bush know about a covert White House propaganda bureaucracy that sought to manipulate the American public, Congress and the news media in support of Contra military aid?

The question could be difficult because it recalls the darker side of the Central Intelligence Agency, the outfit Bush once headed. According to documents unearthed by the congressional Iran-Contra committee, the domestic campaign, directed out of the National Security Council, was crafted by a senior CIA propaganda veteran and was staffed, in part, by U.S. Army psychological warfare specialists. Ultimately, it came to resemble the sort of covert political operation the CIA is allowed to run against hostile forces overseas but is forbidden from conducting at home.

Last year, as the Iran-Contra committee was writing its report, House investigators drafted a chapter on the domestic operation. It said that the propaganda campaign had used "one of the CIA's most senior specialists, sent to the NSC by Bill Casey [the late CIA director William J. Casey], to create and coordinate an interagency public diplomacy mechanism. [This network] did what a covert CIA operation in a foreign country might do—attempted to manipulate the media, the Congress and public opinion to support Reagan Administration policies. The problem with all this is—they tried to do it in America, to their own people, to their own Congress, to their own free press."

Inside the committee, the chapter's dramatic conclusion was hotly opposed by Republicans, who argued it was outside the panel's investigative mandate, and by some Democrats, who feared it would jeopardize support for the report's chief findings from moderate Senate Republi-

cans. In the rush to complete its work, the committee dropped the draft chapter, which was only recently obtained by the authors of this article.

Iran-Contra documents reflect three connections between the propaganda apparatus and the vice president:

—Bush's national security adviser, Donald P. Gregg, another ex-CIA hand, recommended CIA propaganda specialist Walter Raymond Jr. for the NSC staff in 1982, according to Raymond's deposition. With Casey's guidance and blessing, Raymond quickly assumed responsibility for creating a "public diplomacy" apparatus that employed overt and covert means to push for Contra aid.

—Bush, as a member of the NSC, would have had direct oversight of the public diplomacy machinery and, according to one document, favored its creation. In a 1986 memo to Casey, Raymond said the public diplomacy operation "reports directly to the NSC." Even budget and personnel questions were cleared through the NSC, according to Iran-Contra documents. After discussions at senior White House levels, President Reagan authorized creation of the public diplomacy bureaucracy in National Security Decision Directive 77, signed in January, 1983.

—A private arm of the propaganda apparatus planned to support Bush's 1988 presidential bid. In early 1986, Richard R. Miller and Carl R. (Spitz) Channell, who worked closely with Lt. Col. Oliver L. North, developed a pro-Bush program called "Future of Freedom Forums." One internal memo at Channell's National Endowment for the Preservation of Liberty said, "The vice president needs a vehicle which he can utilize to reach the high-dollar donors in the conservative ranks." It continued, "These donors perceive him as a liberal Republican unsure of himself and without determination to lead in tough circumstances." . In a Jan. 16, 1986, letter, Bush praised Channell's proposed forums as "of great interest to me, as well as to the President. My personal interest is such that I hope to be able to participate." But the forums never

117

came off. apparently because of scheduling problems

Although Administration public diplomacy participants defended their operation as a legitimate means of informing the American people. some voiced unease, in private, about its clandestine methods. In an interview, a senior NSC official acknowledged that the public diplomacy apparatus was modeled after CIA covert operations overseas: "They were trying to manipulate public opinion . . . using the tools of Walt Raymond's trade craft which he learned from his career in the CIA covert operation shop."

The suppressed Iran-Contra chapter argues that the propaganda bureaucracy behaved much like the secret Contra resupply operation—working out of the NSC to sidestep legal restrictions on the CIA. President Reagan's Executive Order 12333 bars the CIA from activities "intended to influence United States political processes, public opinion . . . or media."

Iran-Contra documents show that the public diplomacy campaign chief architects were Casey and Raymond. In his deposition to congressional investigators, Raymond defended his involvement, arguing that he officially retired from the CIA in April, 1983, so "there would be no contamination of this." In Casey's case, Raymond asserted that the director was participating "not so much in his CIA hat, but in his adviser to the President hat."

As the propaganda apparatus took shape in August, 1983. Casey summoned advertising specialists to the Old Executive Office Building to brainstorm selling a "new product—Central America—by generating interest across-the-spectrum," according to an NSC summary of the meeting. Sensitive to the prohibitions on executive-branch propaganda, Raymond noted in one August, 1983, memo that "the work done within the Administration has to, by definition, be at arms length." Raymond added that he hoped to keep Casey out of the loop.

Yet the documents show that Casey remained active through November, 1986, when the scandal broke. In a Sept. 13, 1986, message to North, then-National Security Adviser John M. Poindexter said Casey was pushing for a full-time White House specialist on Central America publicity: "I think what he really has in mind is a political operative that can twist arms and also run a high-powered public affairs campaign."

Working closely with Raymond. the Office of Public Diplomacy for Latin America and the Caribbean (S/LPD) became the most visible arm of the propaganda machinery. Created in July, 1983. S/LPD was housed at the State Department, but its director, Otto Reich, noted in one memo that the office "respond[s] to NSC direction." He explained that it was created because "the President, the vice president and others were, to say the least, very upset with the inability of the executive branch to publicly communicate with the American people" on what the United States was doing in Central America.

S/LPD generated one-sided publications on Nicaragua and El Salvador and pressured the news media to accept Reagan's stand on Central America. S/LPD employed Army psychological warfare specialists, such as Reich's executive assistant, Lt. Col. Daniel (Jake) Jacobowitz, and five Army experts from the 4th Psychological Operations Group at Fort Bragg, N.C., who were assigned to find "exploitable themes and trends."

In a legal opinion dated Sept. 30, 1987, the General Accounting Office, the congressional watchdog agency, sharply criticized the public-diplomacy office for sponsoring articles that were printed in leading newspapers under the names of presumably independent scholars. The GAO opinion said the articles amounted to "prohibited covert propaganda activities designed to influence the media and the public to support the Administration's Latin American policies."

The propaganda campaign also relied heavily on private-sector intermediaries to carry out activities that would otherwise violate laws against executive branch lobbying. According to the deleted Iran-Contra chapter, the propaganda bureaucracy "hired outside consultants, gave encouragement, support and direction to groups of private citizens outside the government who were undertaking efforts to raise money for Contra weapons, lobby the Congress and manipulate American public opinion and the media."

S/LPD was an important contact point for these efforts, directly employing a number of consultants who received no-bid contracts for lobbying and public relations in behalf of the Contras. Richard Miller's International Business Communications (IBC) received more than $440,000 in S/LPD contracts between 1984 and 1986, including a secret-classified $276,000 for such duties as monitoring media coverage of Central America.

IBC officials worked with North and Channell in placing pro-Contra advertisements in the districts of swing congressmen and hiring pro-Contra lobbyists. To raise money for these efforts, Reagan met personally with wealthy contributors who had given more than $300,000 and the President was enthusiastic about the efforts. The minutes of a

May, 1986, National Security Planning Group meeting record Reagan asking whether the private groups could do more.

What the propaganda apparatus did do was reshape the public debate on Nicaragua and pave the way for resumption of Contra aid in August, 1986.

"It is clear we would not have won the House vote," Raymond exulted in an Aug. 7 memo to Casey, "without the painstaking deliberative effort undertaken by many people in the government and outside."

The question for the vice president is whether he agrees that this was a legitimate use of government power.　　　　　　　　□

Robert Parry is a national correspondent for Newsweek. Peter Kornbluh is an information analyst at the National Security Archive. This report adds new documentation to the authors' article for the fall issue of Foreign Policy; the views do not necessarily reflect those of the National Security Archive.

Zone Commander
COMANDANTE DE ZONA

Líder de célula de coordinación.
Coordination cell leader

Miembro de célula de coordinación.
Coordination cell member

Líder de célula operacional.
Operational cell leader

Miembro de célula operacional.
Operational cell member

Línea de contacto y conocimiento dentro de la célula.
Line of contact a acquaintance with the cell

Línea de contacto y conocimiento fuera de célula.
Line of contact acquaintance outs the cell

Esto evita una reacción en cadena, si cualquier célula es infiltrada.

This avoids a chain reaction, should any cell be infiltrated.

61/62

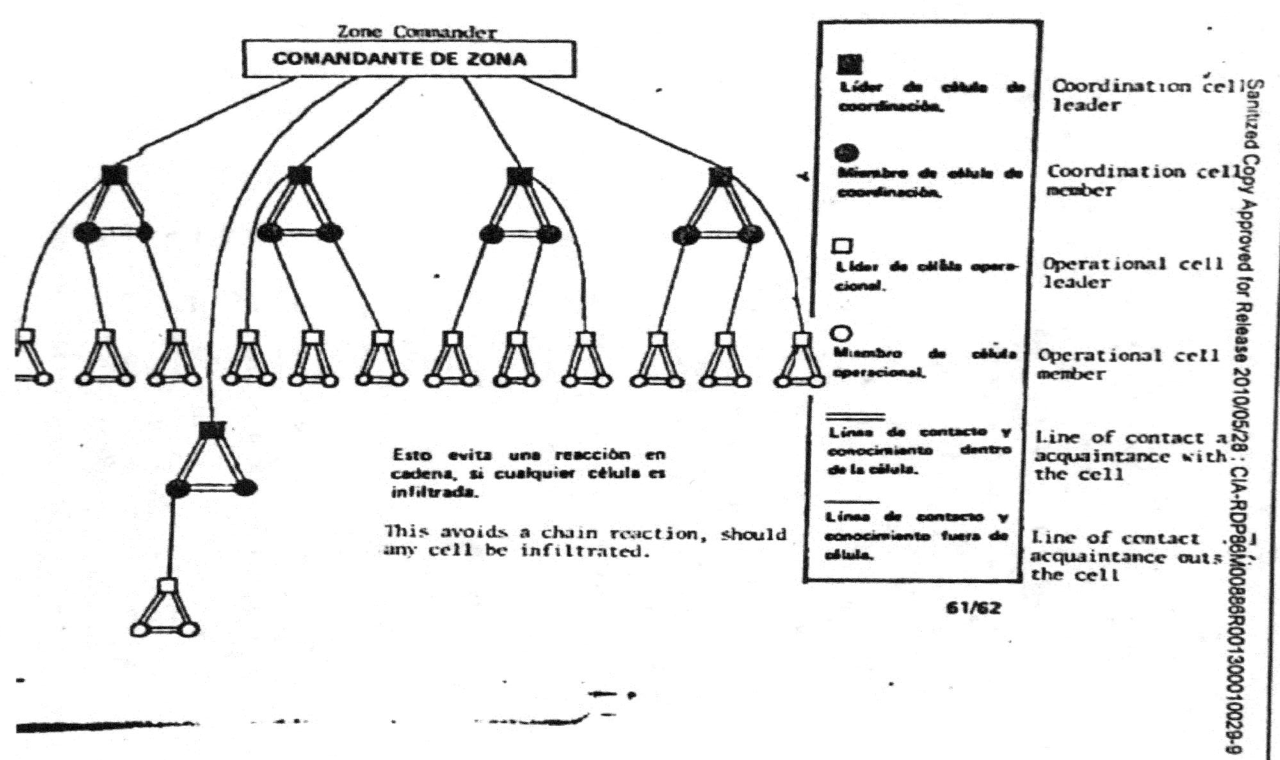

120

THE FREEDOM FIGHTER'S MANUAL

Practical guide to liberating Nicaragua from oppression and misery by paralyzing the military-industrial complex of the traitorous marxist state without having to use special tools and with minimal risk for the combatant.

NICARAGUAN PATRIOT:
TO SABOTAGE
THE MARXIST TYRANNY
IS TO VINDICATE
SANDINO'S MEMORY.
LONG LIVE FREE NICARAGUA!

"CIA Publishes Sabotage Manual...."

--Associated Press

WHAT THE FREE NICARAGUAN CAN DO IN ORDER TO TIE DOWN THE MARXIST TYRANNY

All Nicaraguans who love their country and cherish liberty – men, women, young and old people, farmers and workers alike – surely ask themselves what they can do with the means at their disposal, in order to participate in the final battle against the usurpers of the authentic sandinista revolution for which the people of Nicaragua have fought and shed their blood for so many years. Some might think that today's armed struggle requires military supplies and economic resources only available to states or terrorist bands armed by Moscow. There is an essential economic infrastructure that any government needs to function, which can easily be disabled and even paralyzed without the use of armaments or costly and advanced equipment, with the small investment of resources and time.

The following pages present a series of useful sabotage techniques, the majority of which can be done with simple household tools such as scissors, empty bottles, screwdrivers, matches, etc. These measures are extremely safe and without risk for those who use them, as they do not require equipment, skill or specialized activities that can draw attention to the doer.

One combatant can perform many of them, without having to turn to collaborators or having to make a detailed plan beforehand. These are acts that can be done practically in an improvised way every time an occasion presents itself. Our sacred cause needs to have more men and women join its ranks in order to perform these sabotage tasks. However, necessary caution should be taken, and only when the task requires it, should another person or persons participate in or have knowledge of a given act. As mentioned above, the techniques found in this manual correspond to the stage of individual sabotage, or at the most cellular – with cells of no more than two individuals – of the clandestine struggle.

LO QUE EL NICARAGÜENSE LIBRE PUEDE HACER PARA ATARLE LAS MANOS A LA TIRANA MARXISTA.

Todos los nicaragüenses amantes de su patria y de la libertad –hombres, mujeres, jóvenes, ancianos, campesinos y trabajadores– seguramente se preguntan qué pueden hacer con los medios que tienen a su alcance para participar en la batalla final contra la camarilla usurpadora de la auténtica revolución sandinista, por la que el pueblo de Nicaragua entero luchó y derramó su sangre durante tantos años. Se pensará que la lucha armada de hoy exige pertrechos y recursos económicos únicamente al alcance de los estados o las pandillas terroristas armadas y pagadas por Moscú. Pero hay toda una infraestructura económica esencial para que cualquier gobierno pueda funcionar que sí resulta fácil de trastornar y de paralizar incluso, sin valerse de armamentos ni equipos costosos y avanzados e invirtiendo sólo una proporción pequeña de recursos y tiempo.

Las páginas que siguen presentan una serie de sutiles técnicas de sabotaje que pueden aplicarse en su mayoría con simples herramientas caseras como son las tijeras, botellas vacías, destornilladores, fósforos, etc. Resultan además sumamente seguras para quien las aplica, pues no exigen equipos, adiestramiento o actividades especializadas que puedan llamar la atención. Un sólo combatiente puede aplicar muchas de ellas, sin tener que recurrir a colaboradores, ni trazar un plan muy detallado con anticipación. Son más bien golpes de mano que pueden consumarse de manera prácticamente imprevista cada vez que se presente una ocasión.

A nuestra sagrada causa le conviene, desde luego, ir sumando hombres y mujeres a las tareas del sabotaje. Pero ello debe hacerse con la debida cautela y sólo cuando la tarea entre manos exija que otra persona o personas participen en una acción determinada y que tengan por tanto conocimiento de ella. Como se indicó arriba, las técnicas expuestas en este manual corresponden a la etapa de sabotaje individual, o a lo sumo celular –con células de no más de dos individuos– de la lucha clandestina.

DON'T DO MAINTENANCE WORK
ON VEHICLES AND MACHINES
NO EFECTUAR LAS TAREAS
DE MANTENIMIENTO DE
VEHÍCULOS Y MÁQUINAS
EPS
ESCONDER Y
DAÑAR
HERRAMIENTAS
HIDE AND
DAMAGE TOOLS
ARROJAR HERRAMIENTAS POR
LAS ALCANTARILLAS
THROW TOOLS INTO SEWERS
LLEGAR TARDE
AL TRABAJO
COME LATE
TO WORK
DELAY IN
COMPLETING TASKS
DEMORAR EL
CUMPLIMIENTO
DE LAS
TAREAS
DECLARARSE ENFERMO
PARA NO
TRABAJAR
CALL IN SICK SO AS NOT TO WORK

DEJAR LAS LUCES ENCENDIDAS

SEMBRAR FLORES EN
LAS GRANJAS DEL ESTADO

DEJAR
ABIERTOS
LOS CORRALES
DEL ESTADO

LEAVE OPEN THE
CORRAL GATES ON
STATE FARMS

SPREAD RUMORS

DISEMINAR RUMORES

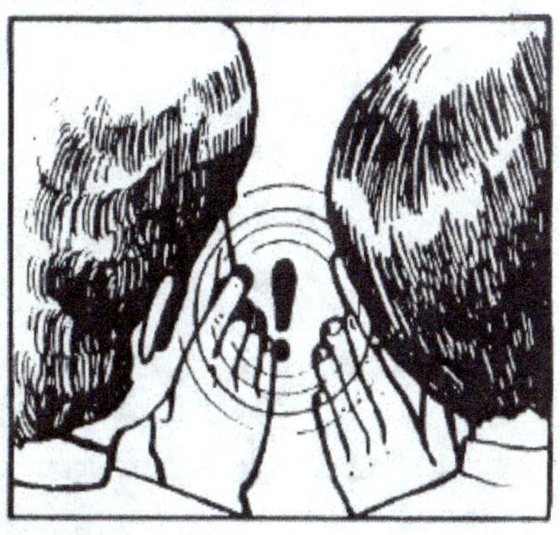

TELEFONEAR HACIENDO
RESERVACIONES
FALSAS EN
HOTELES,
ETC.

TELEPHONE TO
MAKE FALSE HOTEL
RESERVATIONS, ETC.

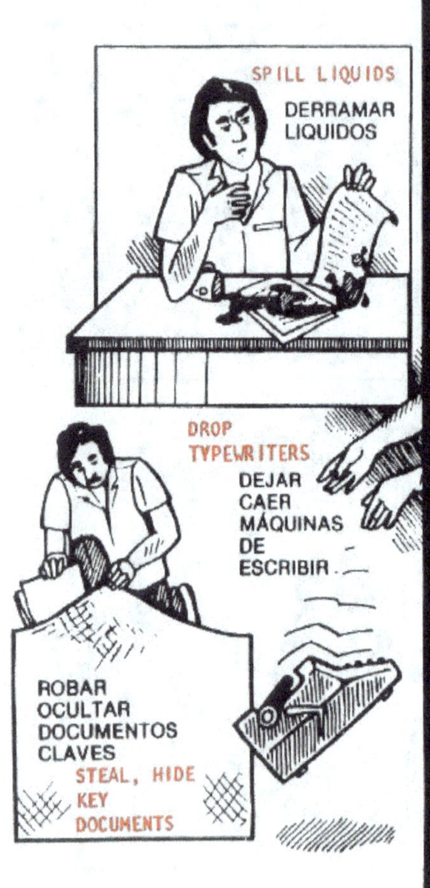
SPILL LIQUIDS
DERRAMAR
LIQUIDOS
DROP
TYPEWRITERS
DEJAR
CAER
MÁQUINAS
DE
ESCRIBIR
ROBAR
OCULTAR
DOCUMENTOS
CLAVES
STEAL, HIDE
KEY
DOCUMENTS

THREATEN THE BOSS
BY TELEPHONE
AMENAZAR
AL JEFE
POR TELÉFONO
TELEFONEAR DANDO
FALSAS ALARMAS DE
INCENDIOS Y DELITOS
TELEPHONE GIVING FALSE
ALARMS OF FIRES AND CRIMES

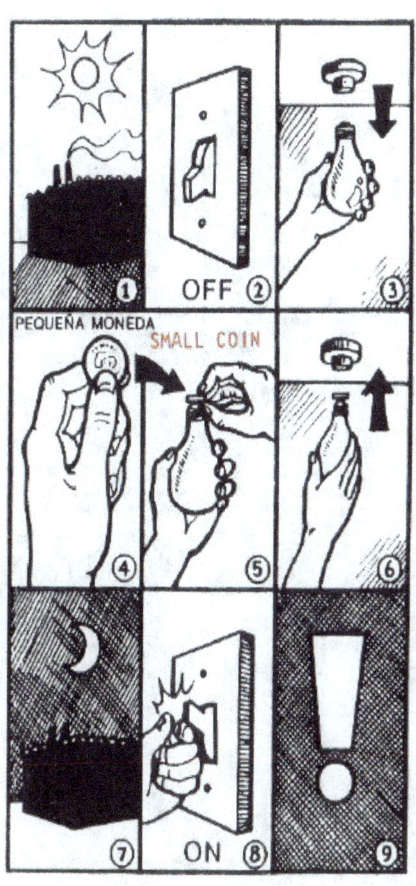
OFF
PEQUEÑA MONEDA
SMALL COIN
ON

DAMAGE BOOKS
DAÑAR LIBROS

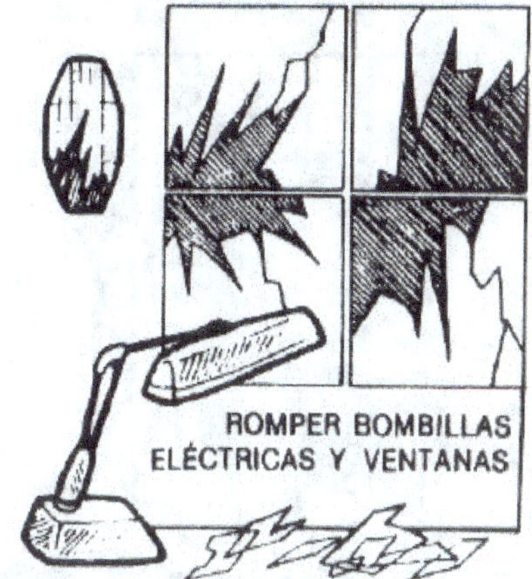
ROMPER BOMBILLAS
ELÉCTRICAS Y VENTANAS
BREAK LIGHT BULBS
AND WINDOWS

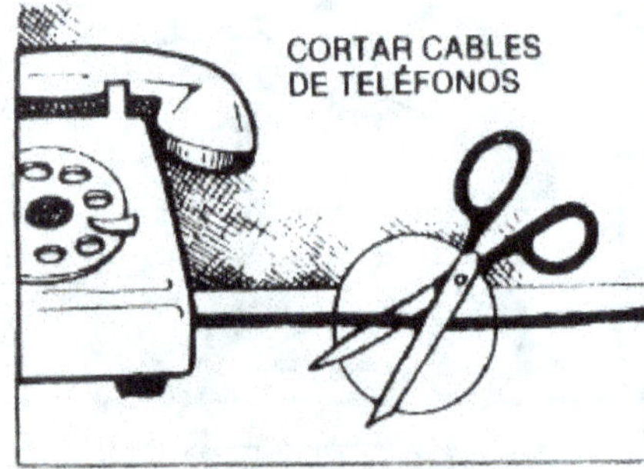

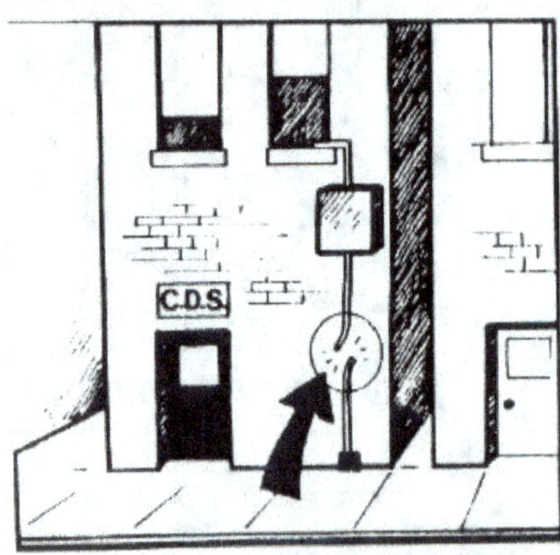

**CORTAR CABLE DEL
SISTEMA DE ALARMA**

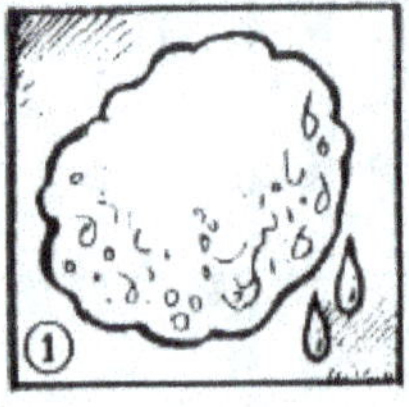
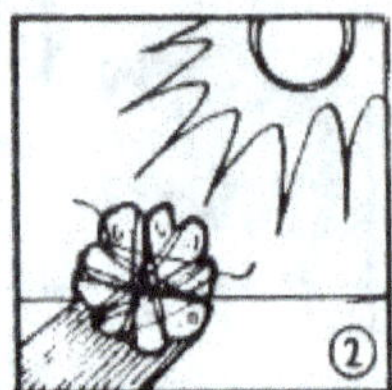

1. MOJAR UNA ESPONJA.
2. ENVOLVER LA ESPONJA BIEN APRETADA
   CON UNA CUERDA Y DEJARLA SECAR.
3. REMOVER LA CUERDA.
4. INTRODUCIR LA ESPONJA EN CUALQUIER
   INODORO O CONDUCTO DE DESAGUE,
   PARA ASÍ OBSTRUIRLO AL HINCHARSE LA
   ESPONJA.

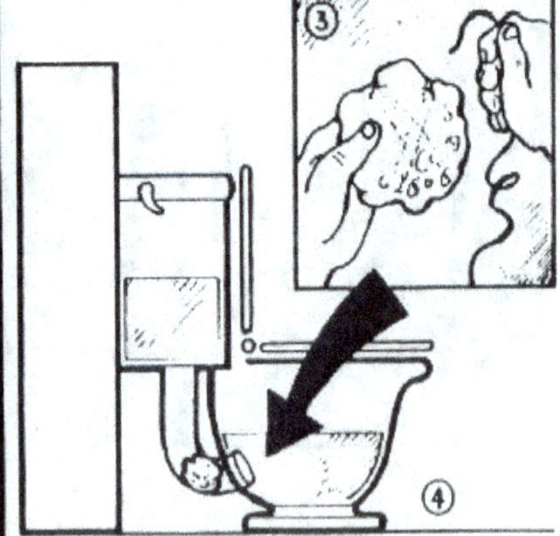

Nicaraguenses patrióticos pinten sus gritos, quejas y demandas contra los pro-Rusbanos del FSLN en las paredes y otros lugares para que todo el mundo pueda ver su reacción al comunismo y los vendepatrias.

PUT NAILS ON ROADS
AND HIGHWAYS

REGAR CLAVOS
EN LOS
CAMINOS Y
CARRETERAS

PUT DIRT INTO GASOLINE TANKS

TIERRA
ECHARLE TIERRA
AL TANQUE DE GASOLINA

COLOCAR CLAVOS JUNTO A LOS
NEUMÁTICOS DE VEHÍCULOS
ESTACIONADOS

PUT NAILS NEXT TO THE TIRES
OF PARKED VEHICLES

ECHAR AGUA EN EL TANQUE DE
GASOLINA
AGUA

PUT WATER IN GASOLINE TANKS

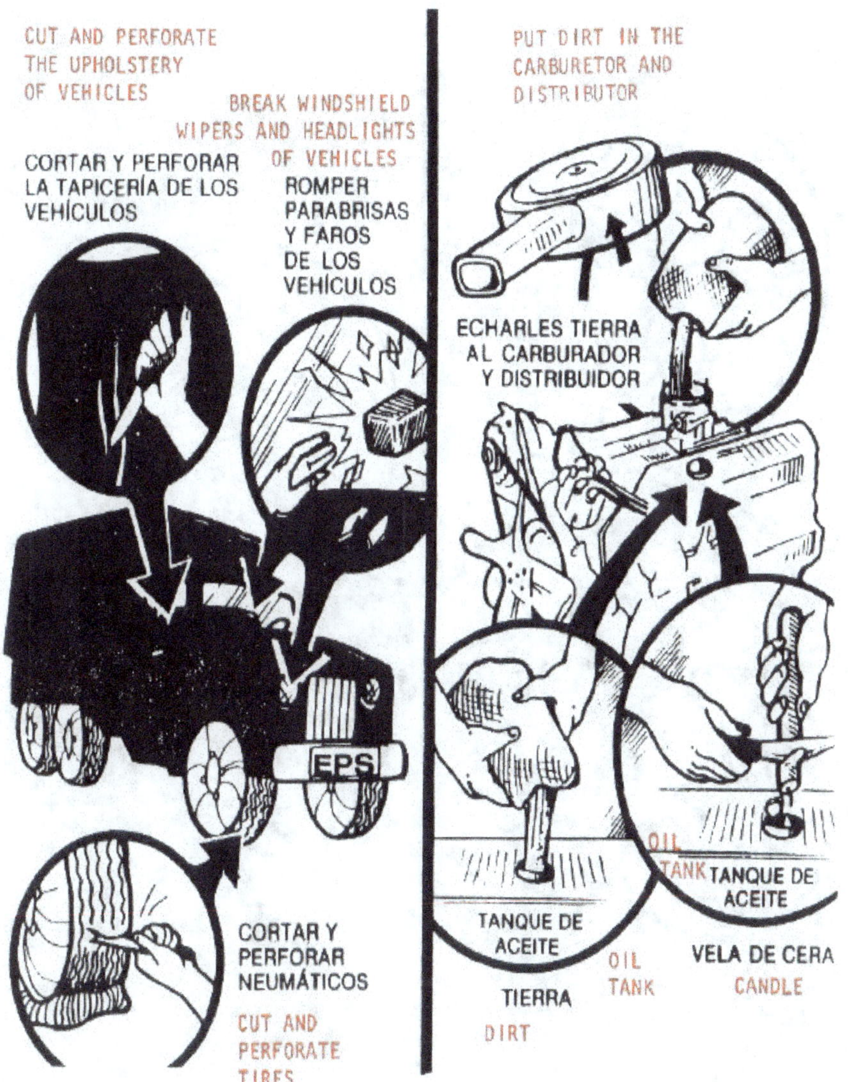

CUT AND PERFORATE
THE UPHOLSTERY
OF VEHICLES
CORTAR Y PERFORAR
LA TAPICERÍA DE LOS
VEHÍCULOS
BREAK WINDSHIELD
WIPERS AND HEADLIGHTS
OF VEHICLES
ROMPER
PARABRISAS
Y FAROS
DE LOS
VEHÍCULOS
EPS
CORTAR Y
PERFORAR
NEUMÁTICOS
CUT AND
PERFORATE
TIRES
PUT DIRT IN THE
CARBURETOR AND
DISTRIBUTOR
ECHARLES TIERRA
AL CARBURADOR
Y DISTRIBUIDOR
OIL
TANK
TANQUE DE
ACEITE
OIL
TANK
TANQUE DE
ACEITE
VELA DE CERA
CANDLE
TIERRA
DIRT

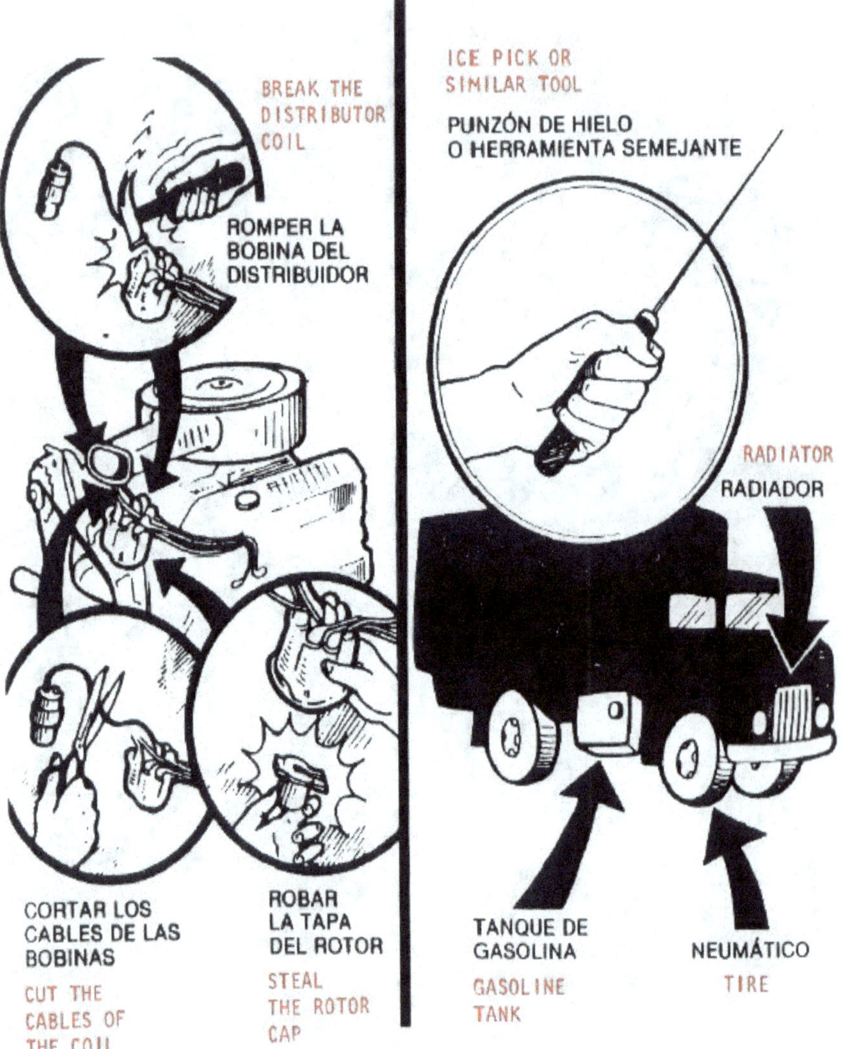
BREAK THE DISTRIBUTOR COIL
ROMPER LA BOBINA DEL DISTRIBUIDOR
ICE PICK OR SIMILAR TOOL
PUNZÓN DE HIELO O HERRAMIENTA SEMEJANTE
RADIATOR
RADIADOR
CORTAR LOS CABLES DE LAS BOBINAS
CUT THE CABLES OF THE COIL
ROBAR LA TAPA DEL ROTOR
STEAL THE ROTOR CAP
TANQUE DE GASOLINA
GASOLINE TANK
NEUMÁTICO
TIRE

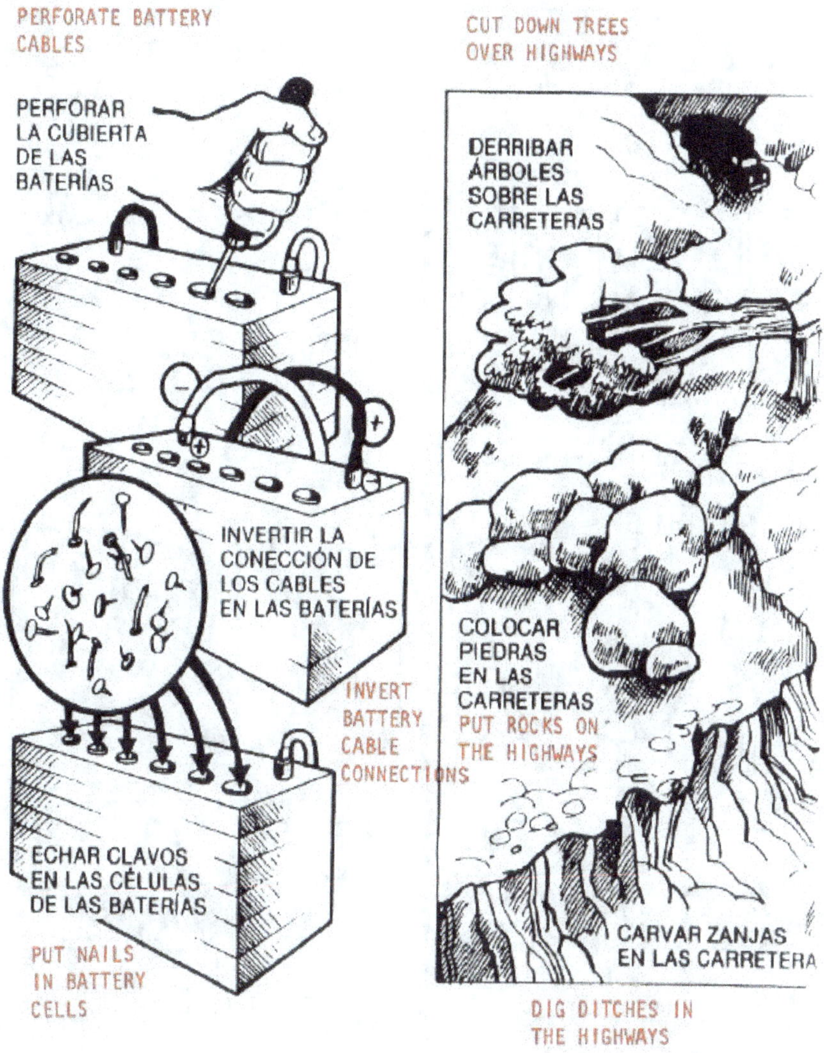

PERFORATE BATTERY CABLES
PERFORAR LA CUBIERTA DE LAS BATERÍAS
INVERTIR LA CONECCIÓN DE LOS CABLES EN LAS BATERÍAS
INVERT BATTERY CABLE CONNECTIONS
ECHAR CLAVOS EN LAS CÉLULAS DE LAS BATERÍAS
PUT NAILS IN BATTERY CELLS
CUT DOWN TREES OVER HIGHWAYS
DERRIBAR ÁRBOLES SOBRE LAS CARRETERAS
COLOCAR PIEDRAS EN LAS CARRETERAS
PUT ROCKS ON THE HIGHWAYS
CARVAR ZANJAS EN LAS CARRETERA
DIG DITCHES IN THE HIGHWAYS

1. TWIST A STEEL BAR IN THE FORM SHOWN IN THE DRAWING.
2. FASTEN THE TWO SECTIONS TO JOIN THEM TOGETHER.
3. ATTACH A ROPE (NOT A CABLE) TO THE HOOK IN THE UPPER PART.

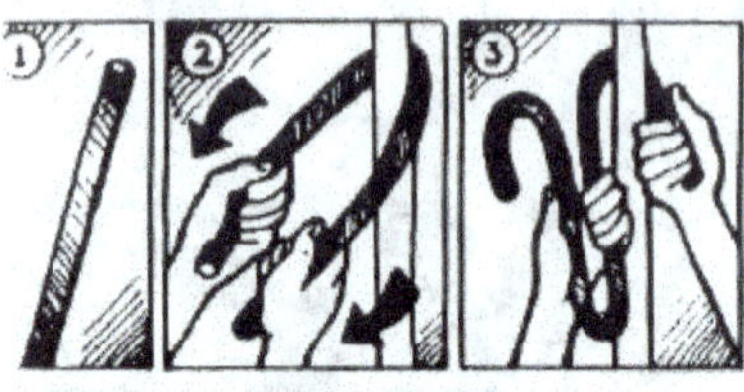

TORCER UNA VARILLA DE ACERO EN LA FORMA QUE MUESTRA EL DIBUJO.
ATAR LAS DOS SECCIONES HASTA UNIRLAS.
ATAR UNA CUERDA (NO UN CABLE) AL GANCHO DE LA PARTE SUPERIOR.

LANZAR EL GARFIO HASTA ENREDARLO EN EL TENDIDO TELEFONICO (¡¡NUNCA CONTRA UN TENDIDO ELÉCTRICO!!) Y TIRAR DE LA CUERDA HASTA DERRIBARLO, COMO MUESTRA EL DIBUJO.

4. THROW THE GAFF UNTIL IT CATCHES IN THE TELEPHONE WIRES (NEVER IN ELECTRICAL WIRES) AND PULL ON THE ROPES UNTIL YOU BRING THEM DOWN AS SHOWN IN THE DRAWING.

ARROW TO PERFORATE TIRES
1. USE A SHEET OF STEEL NO LESS THAN 1.5 mm THICK AND 6.5 x 6.5 cm IN AREA.
2. CUT THE SHEET TO FORM A TRIANGLE.

FLECHA PARA PERFORAR NEUMÁTICOS

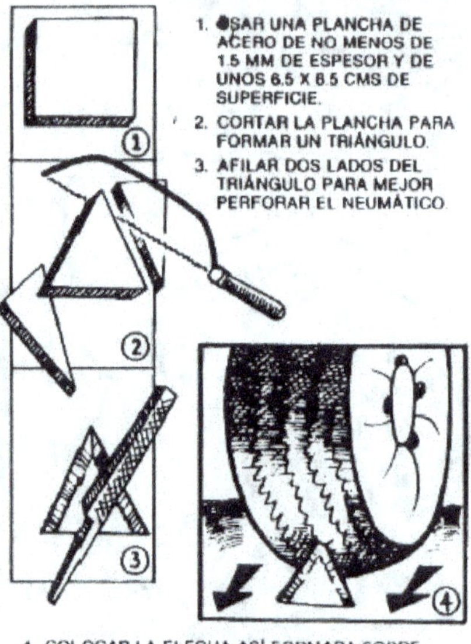

1. USAR UNA PLANCHA DE ACERO DE NO MENOS DE 1.5 MM DE ESPESOR Y DE UNOS 6.5 X 6.5 CMS DE SUPERFICIE.
2. CORTAR LA PLANCHA PARA FORMAR UN TRIÁNGULO.
3. AFILAR DOS LADOS DEL TRIÁNGULO PARA MEJOR PERFORAR EL NEUMÁTICO.

4. COLOCAR LA FLECHA ASÍ FORMADA SOBRE EL SUELO, FIJANDO SU PUNTA AFILADA CONTRA LA BANDA DE RODAMIENTO DEL NEUMÁTICO EN UN ÁNGULO DE 45°. (GRADOS).

3. SHARPEN THE TWO SIDES OF THE TRIANGLE TO BETTER PERFORATE THE TIRE.
4. PLACE THE ARROW THUS FASHIONED ON THE GROUND WITH THE SHARPENED POINT ON THE TIRE TREADS AT A 45° ANGLE

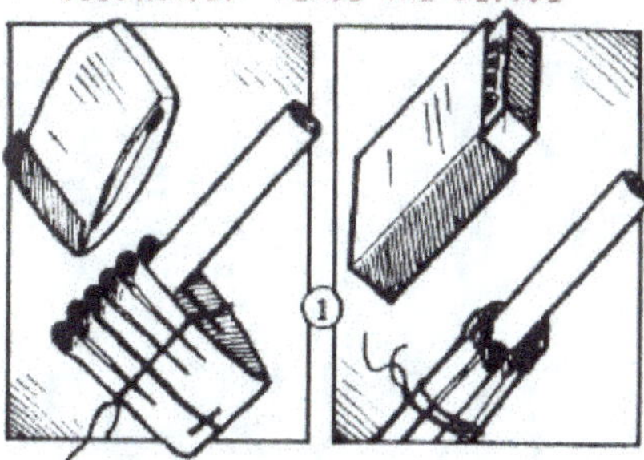

1. COLOCAR UN CIGARRILLO NO ENCENDIDO ENTRE AMBAS HILERAS DE FÓSFOROS. UNIRLOS FIRMEMENTE ATÁNDOLOS CON UNA CUERDA.
2. ENVOLVER LOS FÓSFOROS EN PAPEL SECO O CUALQUIER OTRA SUSTANCIA INFLAMABLE. COLOQUE EL DISPOSITIVO ENTRE CAJAS VACÍAS DE CARTÓN O MADERA.
3. ENCENDER EL CIGARRILLO POR SU EXTREMO LIBRE. LOS FÓSFOROS SE ENCENDERÁN EN 5 O 10 MINUTOS.

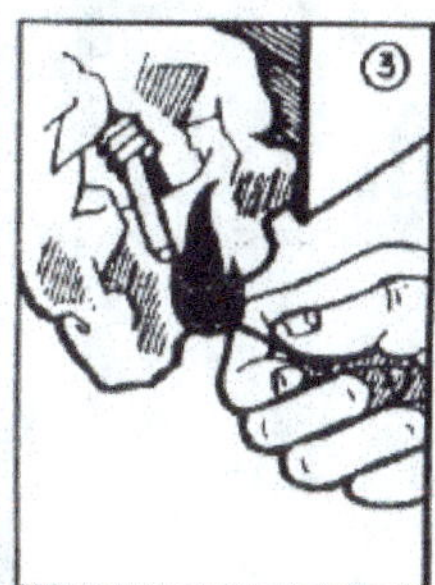

BOMBA INCENDIARIA ("COCTEL MOLOTOF")

1. LLENAR DE GASOLINA, LUZ BRILLANTE (KEROSÉN) O COMBUSTIBLE DIESEL UNA BOTELLA DE CUELLO ESTRECHO; MEJOR AÚN SI SE LE AÑADE ASSERRÍN DE MADERA O JABÓN RAYADO.

2. INTRODUCIR UN TRAPO EN LA BOTELLA HASTA QUE UN EXTREMO ROCE EL LÍQUIDO Y EL OTRO SE EXTIENDA NO MENOS DE 20 CMS DE LA BOCA DE LA BOTELLA. SELLAR FIRMEMENTE LA BOTELLA CON UNA CINTA O VENDA.

3. PARA ACTIVAR EL DISPOSITIVO:
   A) SOSTENER LA BOTELLA EN UNA MANO EXTENDIENDO BIEN EL BRAZO.
   B) ENCENDER CON LA OTRA MANO EL TRAPO.
   C) LANZAR INMEDIATAMENTE LA BOTELLA ENCENDIDA CONTRA EL OBJETIVO, CON FUERZA SUFICIENTE PARA QUE SE ROMPA AL HACER IMPACTO.

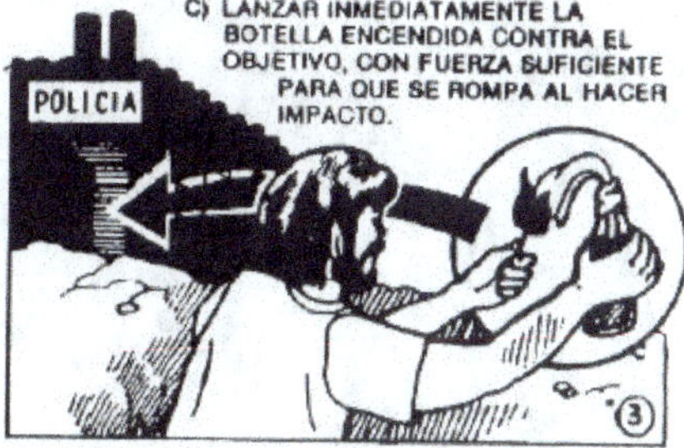

COPY_____OF _______

12 March 1985

CONFIDENTIAL - SENSITIVE

PUBLIC DIPLOMACY ACTION PLAN
SUPPORT FOR THE WHITE HOUSE EDUCATIONAL CAMPAIGN

GOAL:

Congressional passage of aid to the Nicaraguan Freedom Fighters.

CENTRAL PERCEPTIONS

PRIMARY PERCEPTION:
-Vote for U.S. aid to the freedom fighters is a vital
national interest of the United States.

SUPPORTING PERCEPTIONS:
--U.S. history requires support to freedom fighters.
--U.S. troops will eventually be required if aid is
not given now.
--Amount of aid is so miniscule that it hardly
matters.
--FSLN are puppets of Soviets
--Nicaragua will become a Soviet military base if
not resisted.
--FSLN is racist and represses human rights.
--FSLN is involved in U.S. drug problem.
--FSLN are linked to worldwide terrorism.
--FDN are freedom fighters.

SPECIAL PERCEPTION:
--Failure to vote for U.S. aid to the freedom
fighters must be seen as a political liability.

IMPEDIMENTS:

Situational:
Deadline: Mid-April.
Possible partisan response in House.
Possible party-bolting in Senate
Could be victim of budget cutting.
Don't know what themes will cause Americans to share
the administration's concern regarding Central
America. (military build-up, communist threat on the
continent drugs?)

<u>Perceptional:</u>
        Idea that U.S. Actions violate international law.
        Idea that U.S. actions preclude peaceful solutions
        in Central America
        Idea that aid to the Contras hurts "the moderates in
        Nicaragua.
        Idea that U.S. is "immoral" in supporting a covert
        action.

<u>ASSETS:</u>

        --The Great Communicator.
             ---electoral mandate
        --Respected key administration figures (Shultz,
        Weinberger).
        --Supportive private sector organizations.
        --Some supportive congressmen.
        --Historical U.S. policies
        --Afghan precedent
        --Cuban threat
        --Some supportive media representatives.

<u>THEMES:</u>

        -Overall theme: The Nicaraguan Freedom Fighters (FF) are
        fighters for freedom in the American tradition, FSLN are evil.

        -Major themes:

        Freedom fighters are fighting democracy's battle.

             --Sub-themes: FSLN are outpost of the the Soviet
        empire.
                     ---Military build-up.
                     ---Communist connection.
                     ---The drug connection.
                     ---Human rights violations:
                          ----Freedom of the press.
                          ----Right of assembly.
                          ----Freedom of speech.
                          ----Forced military conscription.
                          ----Persecution of church groups.
                          ----Destruction of the economy.

--Sub-themes; FDN are the good guys:
   ---FSLN goal is participation in an ongoing, viable democratic process, not fighting for "power-sharing."
   ---U.S. support for Contadora principles has not diminished.
   ---Central American democracies support our policies, and are worried that we will change them.
   ---Goal is to change Sandinista behavior; not overthrow them.
   ---FDN are the underdogs.
      ---- Anti-Somoza credentials.
      ---- Religious.
      ---- Anti-military.
      ---- Mostly poor peasants.
      ---- Poorly armed because of lack of U.S. support.
      ---- U.S. image will be destroyed if we sell out another ally
      ---- Thousands are joining resistance, despite its poverty of resources because it represents the ideals of the Nicaraguan people and their original goals in overthrowing Somoza

Subthemes; Regional geopolitics require defense of democracy in this hemisphere.

-Soviets will view failure to support contras as license to move massively in CA.
   --Cam Ranh Bay Comparison
      ---U.S. Congress sold Vietnam out by failure to vote for ammo, Russkies moved into Cam Ranh Bay. --
   --$14 million so small compared to U.S. budget, Soviets will believe that U.S. will pay no price no matter how obvious the threat.
   --West Coast surveillance
   --WWII Nazi sub-comparison
   --With control of Nu Soviets will be able to threaten both ends of Panama canal.

AUDIENCES:

-U.S. Congress
-U.S. Media
-Interest groups

ACTIONS: (Related actions are listed under same key letter.
Subordinate actions are listed as numbered subset of a key
letter. Thus action A-1 must precede A-2. Actions in the B
series are independent of A series and can proceed
simultaneously. Completed actions are denoted by preceding $,
as $Z-2. New actions are designated by +, as +ZZ-1

A. Johnathan Miller, John Blacken, John Scafe and Jake
Jacobowitz will meet daily at 1800 to report progress,
monitor progress, devise and revise themes and actions.
Johnathan Miller retains overall control. (ASAP)

B-1. Public opinion survey to see what turns Americans
against Sandinistas (JS, to contact WH, results due by
March 11).

B-2. Review and restate themes in view of results of
public opinion poll (JSM, JB, JJ, March 13).

B-3. Prepare or assign articles directed to special
interest groups at rate of one per week beginning Mar 4
(examples: article on Nicaraguan educational system for
NEA, article by retired military for Retired Officers
Association, etc.) (JB, Mar 4 until vote)

C-1. Assign knowledgeable person to prepare a complete
list of publicly and privately expressed Congressional
objections to voting for the aid. (Arturo Cruz, Jr., JSM
to contact ASAP)

C-2. Construct themes for approaches to Congressmen based
on overall listed perceptions which will directly attack
the reasons listed as above. (JSM, JB, JJ, ASAP upon
completion of survey of Congressional objections)

C-3. Presidential breakfasts, lunches, WHSR meetings and
Camp David meetings with key Congressional leaders. (WH,
Mar 24 until vote)

C-4. President call key congressmen. (WH, two days before
vote)

D-1. Insure NSC details U.S. intelligence agencies to
research, report to S/LPD, and clear for public release
all Sandinista military actions violating Geneva
Convention/civilized standards of warfare. (JJ to draft
memo from Walt Raymond to community, Feb 26)

E. Update Green Book; send to congressmen, media outlets,
private organizations and individuals interested in
Nicaragua. (LT, DR, JB, Mar 25)

F. Release report on Soviet Military Build-up in Central
America and the Caribbean (LT, KS of DOD, Mar. 25)

G. Release paper on Nicaraguan media manipulation (JJ,
March 15).

H. Have a geopolitical paper written by Zbigniew
Brzezinski that points out geopolitical consequences of
Communist domination of Nicaragua (JJ contacted CM by Feb
28, CM will contact Zbig, plus Shlesinger, Jim Woolsey,
and Frank Cramer by Mar 4. S/LPD to prepare dummies for
edit--assignment not yet made, paper due by Mar 20)

I-1. H and ARA prepare a list of key congressmen
interested in Nicaragua. (JSM to contact H and ARA ASAP,
Mar 1)

I-2. Briefings on Nicaragua for Congressional staffers.
North on NU aggression and external involvement, Burghardt
on diplomatic situation. (WH, Mar 3-9)

I-3. Briefings in OEOB for members/Senators: Shultz,
McFarlane, Gorman and Shlaudeman to brief (requires
General Gorman to be placed on contract (WH, Mar 10-23)

I-4. Induce a mixed friendly and unfriendly CODELS to
visit Nicaraguan refugee camps in Honduras and Costa Rica
(include visit to FF camp and hospital in Honduras)
accompanied by press (North, Fox, Holwill, JSM to contact,
April 1).

I-5. CODELS visit regional leaders of Central America.
Regional Leaders convey importance of resistance fighters
in NU (WH, during Easter Recess, Apr 4-14)

J-1. S/LPD and WH Media Relations prepare a list of key
media outlets interested in Central American issues,
including newspapers, radio and TV stations (including
SIN). Where possible identify specific editors,
commentators, talk shows, and columnists. (JanB, Mar 8)

J-2. Contact with key media outlets as identified above
(WH to contact Lew Lehrman, S/LPD, PA to support, ASAP and
continuing until vote)

$J-3. Send resource book on the Contadora process to
congressmen, media outlets, private organizations and
individuals interested in Nicaragua. (JC, JJ to check
status, Feb. 26)

$K-1. Encourage FDN to select articulate freedom fighters
with proven combat records and to make them available for
contact with U.S. media representatives. (GC contacted by
JJ Feb 26,)

K-2. Encourage U.S. media reporters to meet individual
FDN fighters with proven combat records and media appeal.
(GC contacted by JJ Feb 26)

L. Assign to other agencies drafting of one op-ed piece
per week for signature of Administration officials. WH
will specify theme and thrust for the op-ed and retain
final editorial rights. (Ongoing beginning week of Mar 4)

M-1. ARA, S/LPD, NSC draft talking points on aid to
Nicaraguan Freedom Fighters (JSM to contact asap, Mar 11).

M-2. ARA and PA call newspaper editorial boards and give
them background on the Nicaraguan Freedom Fighters. (JSM
to contact, Mar. 10)

N-1. WH, ARA, S/LPD, NSC provide H with a list of
Nicaraguan emigres and masked freedom fighters to serve as
potential witnesses to testify before hearings on aid to
Nicaraguan Freedom Fighters. (JSM to contact NSC, Mar. 15)

N-2. Contact eyewitnesses to see if they would testify
before Congress about their aborted attempts to deal with
the FSLN. (JJ contacted GC Feb 26, task deadline Mar. 15)

O. Draft and distribute a paper on why Nicaraguans flee
their country. (JS to contact Macias ASAP, paper due Mar
15)

P. Themes, publications, interviews, and taped programs
produced for this effort will be coordinated with USIA for
overseas distribution and programming to USIS audiences
overseas, particularly foreign media. (ongoing throughout
life of plan)

Q-1. Production and distribution of _La Prensa_ chronology
of FSLN harassment. (TS Mar 11)

Q-2. Narcotics involvement document (NN Mar 15)

Q-3. PA or S/LPD reprint 10,000 copies of Secretary
Shultz' speech at the Commonwealth Club of San Francisco
(JC, Mar 7)

Q-4. S/LPD prepare paper detailing history of FDN's
offers to negotiate with the FSLN (DR, Mar 11)

Q-3. Document outlining "72-hour Document" (JSM to decide
on contractor week of Feb 25. FG to contact week of Feb
25.)

Q-4. S/LPD request declassification of <u>Nicaragua's
Development as a Marxist-Leninist State</u> (U), by Linn
Poulsen (JJ, memo on OR's desk, Feb 28) and publish as
State Dept. document (MCE and TS Mar 15)

Q-5. S/LPD request Bernard Nietschmann to prepare or
revise prior paper on suppression of Indian by FSLN (JJ
Mar 1, paper deadline Mar 25)

R-1. Presidential report to Congress certifying reasons
for releasing funds to FF (WH Apr 8)

R-2. NSDD (NSC April 8)

R-3. Major Presidential speech on Central America Note:
S/LPD suggests mention of FSLN suppression of Blacks and
Indians(WH Apr 8)

+S-1. NSC task appropriate agencies to prepare a report
on the economic costs to the United States of a
Marxist/Leninist regime on the Central American Isthmus.
(S/LPD draft language for NSC memo, Feb. 26. NSC task
agencies by Mar. 5; reports due Mar. 31.)

+S-2. - S/LPD consolidate replies to NSC tasker on economic
costs to U.S. of a Marxist/Leninist regime on the Central
American Isthmus; prepare and distribute. (Apr. 5)

ACTION PLAN HEADINGS

GOAL:

PSYCHOLOGICAL CLIMATE:

ASSUMPTIONS:

CENTRAL PERCEPTIONS:

IMPEDIMENTS:

ASSETS:

THEMES:

AUDIENCES:

ACTIONS:

Documentation:

TIMELINE:

CONFIDENTIAL - SENSITIVE
12 March 1985

(8)

Wang 0515D

28 February 1985 version DESTROY ALL EARLIER VERSIONS!

Drafted by J. Jacobowitz

Copy distribution: Copy 1--JSM
                         2--JS
                         3--OJR
                         4--JB
                         5--NSC(ON)
                         6--Jiffy
                         Original held by JJ

143